참 소중한 나

내면의 방을 향한 영적 길

Selbstwert entwickeln Ohnmacht meistern

Anselm Grün

Copyright © 1995, Kreuz Verlag GmbH & Co. KG Stuttgart, Zürich
   part of Verlagsgruppe Dornier GmbH; 9th edition in 2004
Copyright © Kreuz Verlag, Stuttgart, part of Verlag Kreuz GmbH
This translation of SELBSTWER ENTWICKELN - OHNMACHT MEISTERN
first published in 1995 in Germany is published by arrangement with the current rights
holder Kreuz Verlag, 70565 Stuttgart, part of Verlag Kreuz GmbH.
Korean translation copyright © 2007 by ST PAULS, Seoul, Korea

ST PAULS
20, Ohyeon-ro 7-gil, Gangbuk-gu, Seoul, Korea
Tel 02-944-8300, 02-986-1361 Fax 02-986-1365

국립중앙도서관 출판시도서목록(CIP)

참 소중한 나 : 내면의 방을 향한 영적 길 / 지은이: 안셀름 그륀 ;
옮긴이: 전헌호. ― 서울 : 성바오로, 2007
  p. ;   cm

원서명: Selbstwert entwickeln ohnmacht meistern
원저자명: Grün, Anselm
ISBN 978-89-8015-622-1 03230

238.24-KDC4
248.482-DDC21   CIP2007000445

내면의 방을 향한 영적 길

참 소중한 나

안셀름 그륀 지음 | 전헌호 옮김

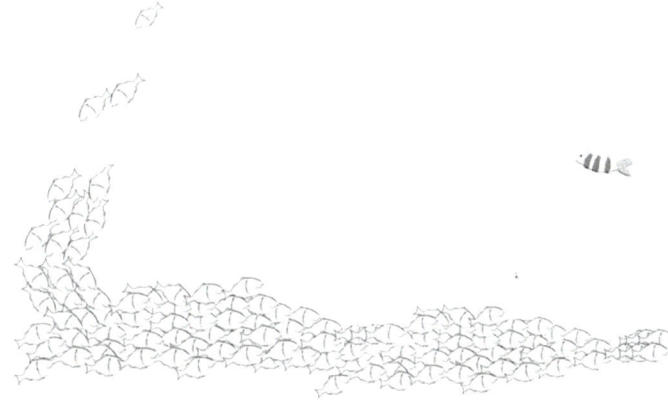

옮긴이의 글

지난 세기말부터 이미 독일어권에서 영성 지도자로서의 영향력을 크게 떨쳐 온 안셀름 그륀은 새 천 년대를 맞이하면서 지리적으로 멀리 떨어져 있을 뿐 아니라, 언어와 문화, 인종도 다른 이곳 한국 땅에까지 여러 차례 소개되고 있다. 지난 몇 해 동안 수많은 그의 저서가 우리말로 번역되어 그의 영성에 관심을 가진 사람들이 그의 책을 쉽게 접하게 되었다.

우리나라에서 출간된 그의 책은 「다시 찾은 기쁨」, 「다시 찾은 마음의 평안」(성바오로)을 비롯해, 「성서에서 만난 변화의 표징들」, 「하늘은 네 안에서부터」, 「아래로부터의 영성」, 「올해 만날 50천사」(분도), 「예수께서 보여 주신 사제직의 모습」, 「내 나이 마흔 : 중년의 위기 속에 숨어 있는 은총」, 「자기 자신 잘 대하기」(성서와 함께) 등이다. 그의 책을 우리말로 옮기는 일은 독자들에게도 유익하겠지만 역자에게도 큰 기쁨과 보람이 된다. 그의 글을 대하고 있으면 어느새 마음속에 평안과 기쁨이 다가와 자리를 잡는 체험을 하게 된다. 그리고 언제나 나의 내면과 주변에 계시는 하느님께 좀 더 마음을 기울이게 된다.

여전히 활동이 활발한 서양 영성가의 저서들이 비교적 짧은 시간 동안에 우리말로 소개되고 있다는 사실은 보기 드문 일이다. 아마도 그러한 현상은 그의 저서들에 들어 있는 지혜들이 우리에게 많은 기쁨과 유익함을 가져다주기 때문일 것이다. 그렇다고 해서 안셀름 그륀이 깊은 연구와 사색에 의해 새로운 학문적 이론을 밝히려고 시도하는 것은 아니다. 만약 그랬다면 제2차 바티칸 공의회 전후로 나타난 수많은 그러한 시도들로 인해 다소 지쳐 있는 서구 사람들이 그의 책에 그처럼 큰 관심을 보이지는 않았을 것이다. 물론, 신앙의 진리에 대한 깊고 구체적인 규명은 시대를 초월해 언제나 필요한 작업이다. 그러나 그에 못지않게 신앙의 진리를 현실에서 구현할 때 필요한 삶의 자세들을 발굴하고 그것을 살아가도록 안내하는 지혜들 또한 중요하다.

안셀름 그륀은 다양하고 복잡한 세계를 살아가는 현대인들이 계시 진리의 원천인 하느님과 일치하여, 하느님으로부터 세상을 바라보고 자신의 삶을 전개해 나갈 수 있는 방법을 쉬운 말로 안내하고 있다. 그래서 그의 책을 읽는 것은 별로 어렵지 않고 그의 생각들을 실천에 옮기는 것도 비교적 쉽다. 그는 신학과 심리학에 관한 높은 지식과 자신이 몸담고 있는 베네딕토 수도회의 창설자인 베네딕토 성인을 비롯해 많은 교부들과 은수자들에 관한 연구, 그리고 자기가 직접 경험한 영성 지도자로서의 풍부한 체험을 살려 그를 직접 찾아온 사람들과 그의 책을 접하는 독자들의 영적 안내자가 되어 준다.

그는 교회의 전통적 교의와 영성에 대해 잘 알고 있을 뿐만 아니라 살아 있는 인간에 대해서도 구체적으로 파악하고 있다. 교회의 영성이나 인간의 정체성, 심리에 대한 이해가 깊고 그에 대한 사랑 역시 크기에 그는 그 모든 것에 충실하면서도 자신의 영성을 접하는 사람들을 편안하게 해주고 있다. 그는 정신적인 면과 육체적인 면, 아름다운 면과 추한 면, 긍정적인 면과 부정적인 면 등 인간이 지닌 모든 면면들과 함께 인간을 철저하게 있는 그대로 보고 있다. 인간을 있는 그대로 바라보고 긍정하는 것이 그의 영성의 출발점이고, 그러한 인간 안에 계시기도 하고 그 인간을 초월해 계시기도 한 하느님이 그의 영성의 종착점이다.

그는 하느님을 사랑하고 하느님이 창조하신 이 세상과 그 안에서 살아가는 온갖 종류의 생명체들과 사람들을 사랑한다. 그리고 그는 특히 자기 자신을 무척 사랑한다. 그는 자신을 무척 사랑하기 때문에 자신을 둘러싸고 있고 자신의 생명이 가능하게 하는 주변의 모든 것들을 사랑한다. 또한 자신 안에 들어 있는 온갖 종류의 요소들, 감정적인 것과 지성적인 것, 의지적인 것 등을 있는 그대로 사랑하고 감싸 안는다. 그 모든 것이 그를 구성하는 요소들이고 하느님께서 그에게 만들어 주신 것들이기 때문이다.

그는 자신과 자신을 둘러싼 세상의 모든 것들을 만들어 주신 하느님을 무척 사랑한다. 하느님과 함께 있는 것이 바로 그의 영성의 핵심이다. 이는 그의 스승인 베네딕토 성인이 추구한 영성이자, 시에나의 가타리나와 로욜라의 이냐시오, 한국의 방유룡 등 교회 내 수많은 성인들이 추구했던 영성이다. 하느님과의 일치가 인간이 평안에 이르는 길이고 기쁨을 지니는 길이며 구원의 길이다. 우리의 마음 안에 계시고 바깥의 사물들과 사건들 안에도 계시는 하느님을 언제 어디서나 볼 수 있도록 안내하는 것이 그의 영적 인도의 핵심이다. 그리고 그것은 그리 어렵지 않다. 마음의 눈을 열어 하느님을 만나고자 간절히 원하기만 하면 된다. 그분이 언제 어디에나 계시기 때문이다.

　안셀름 그륀이 인도하는 어렵지 않은 영적 여정 속에서 자신의 참된 가치를 발견하고 하느님과 함께하는 기쁨과 평안을 누려 보자. 그러면서 삶을 주신 그분께 감사와 찬미의 기도를 올려 드리자. 이보다 더 보람되고 기쁜 일이 있을 수 있겠는가.

대구가톨릭대학교 연구실에서
전헌호 신부

차례

옮긴이의 글
현대인의 자기 체험

1부_자신의 가치를 계발하기

1. 자신의 가치에 대해 좋은 느낌 쌓아 가기 28

원초적 믿음
유일성과 일회성
가득 찬 단지
그림자를 받아들임
영적 자아

2. 자신의 가치에 대한 느낌을 어렵게 하는 표상 58

열등감
장애 의식
타인과의 비교
겁쟁이
곱사등이
안주하는 자
오만불손한 자

3. 자신의 가치에 대해 건전한 느낌을 갖는 길 95

자신을 있는 그대로 받아들임
자신과 함께 있음
자신의 육체를 통한 길
믿음의 길
성경 구절 묵상하기
그리스도교 축제를 지냄
바오로의 체험
화해에 관한 복음
신비의 길

2부_무기력을 조절하기

1. 무기력한 느낌 157

나 자신에 대한 무기력

타인에 대한 무기력

세상에 대한 무기력

2. 무기력한 느낌에서 발생하는 것 177

분노와 폭력

잔인성

엄숙주의

자책

체념과 절망

3. 무기력을 다스리는 길 192

첫번째... 인간적인 길

함께하는 길
개인적인 길
건강한 의식
자신을 다른 사람의 힘으로부터 해방하기
힘과의 교제

두번째... 종교적인 길

왕과 같은 인간
세상의 힘에서 벗어나기
자신의 무기력과 화해하기
기도와 무기력
그리스도의 권능에 참여하기
기도의 힘
사랑의 힘

맺음말

현대인의 자기 체험

나는 영적 지도를 하면서 수많은 사람들을 만난다. 그런데 그들 대부분이 자신의 가치를 확신하지 못해 사는 것에 의욕을 느끼지 못하겠다며 괴로워한다. 자기 자신의 가치를 확신하고 그것을 좀 더 강하게 느끼고 싶은 것은 젊은이들만의 갈증이 아니다. 중년이 된 사람들도 그런 갈증으로 괴로워한다. 그들은 다른 사람이 확신에 찬 의견을 말할 때 그와 다른 자신의 의견을 감히 드러내 말하지 못한다. 자기 자신에 대해 아무것도 믿지 못하기 때문이다. 그들은 남들이 모든 면에서 자기보다 훨씬 더 낫다고 생각한다.

특히 어머니들은 애지중지 키운 자녀들이 독립해서 집을 떠나가면, 그동안 쌓아 올린 자신에 대한 확신이 와르르 무너져 내리는 허망함을 느낀다. 자신을 자녀들과 관련지어서만 생각해 왔기 때문에 혼자인 자신은 아무것도 아닌 듯 느껴진다. 자신이 하찮게 느껴지기는 나이 든 사람들도 마찬가지다. 육신이 쇠약해져 아무런 일도 할 수 없게 되면 어릴 때 존중받지 못하고, 무슨 의견을 말해도 주변 사람들이 별로 귀 기울여 주지 않던 기억들만 떠오르면서 자신이 아주 무가치한 존재로 여겨진다.

젊은 사람들은 주변에서 자신을 진지하게 받아들여 주지 않는 것을 고통스러워하면서 자신이 참으로 가치 있는 존재인지 의심한다. 그리고 다른 사람들처럼 침착하지 못하고 서두르고 들뜨는 것을 고민하고, 듣기 싫은 말에 금방 얼굴이 붉어진다고 속상해한다. 그러면서 사랑받을 가치가 없는 존재가 될까 봐 두려워한다.

젊은 남자들은 정말 마음에 드는 여성이 나타나면 혹시나 자기를 거부하지나 않을까 노심초사하고, 혼자인 경우에는 애인이 있는 친구를 보며 심한 열등감에 시달린다. 젊은 여성들은 탤런트처럼 예쁘지 않은 외모 때문에 젊은 남성들한테 존중받지 못하고 비웃음을 살까 걱정하며 외모를 가꾸기 위해 온갖 노력을 기울인다.

영적 지도를 하다 보면 무기력에 시달리는 사람을 자주 만난다. 어떤 젊은이는 미래를 어떻게 설계할지 몰라서 무기력해하고, 어떤 젊은이는 자신과의 싸움에서 무기력을 체험한다. 자기 자신을 이기지 못할 때마다 고통스러워하지만 어떻게 해야 할지 모른다. 식욕을 다스리기가 힘들어 괴로워하는 젊은 여성도 있고, 성적 매력이 없는 것 같아 속상해하는 젊은 남성도 있다. 다른 사람들 앞에서 침착하지 못하고 대책 없이 실수를 저질러 당혹스러워하는 사람들도 있다.

무기력을 느끼는 원인은 주로 직장에서의 불안이나 자신의 생각과는 정반대로 전개되는 정치·사회적 현실 등이다. 대학을 졸업한 뒤 취직을 하기 위해 입사 원서를 40~50장씩 썼는데도 성공하지 못한다면 미래가 별 볼일 없어지는 것 같아 무기력에 빠지기 쉽다. 아무리 애써도 헛수고일 때 마음은 삭막한 현실을 헤쳐 나갈 의욕을 상실하게 된다.

성격은 좀 다르지만 집단적으로 느끼는 무기력도 있다. 학생 시절에는 열심히 환경보호 운동에 참여했던 사람들이 사회인이 된 뒤 그런 일은 해봤자 성과를 기대하기 힘들다고 여기면서 활동을 그만둔다. 결국 기성세대의 집단인 사회는 자연환경을 짓밟는 과거를 답습하게 된다. 그런가 하면 이미 깨져 버린 결혼 생활이나 위기에 빠진 부부 관계를 회복하지 못해 무기력을 느끼는 사람들도 있다.

 이런 무기력 중 많은 부분의 뿌리가 어린 시절로 거슬러 올라간다. 가령, 부모가 자녀들끼리 싸우는 것을 중재하며 무마시켜 주지 못할 때 어린아이는 무기력을 느낀다. 또 억울하게 벌을 받았을 때 아이는 심한 무력감과 증오심을 갖게 된다. 그러다가 어른이 된 다음에는 활동 반경이 확대되면서 여러 가지 규칙이나 권력자들과의 관계, 가정과 사회, 회사 안에서 갈등이 발생할 때 무력감을 느낀다. 반면, 부모들은 다 자란 자녀가 자기 생각과는 전혀 다른 길을 걸어갈 때 무력감을 느낀다. 더 이상 자녀들에게 자기 생각을 강요할 수가 없게 된다.

그리고 젊은이나 나이 든 사람이나 어긋나고 비뚤어진 이 세상에 아무런 영향도 끼칠 수 없을 때 무력감을 느낀다. 마음에 들지 않는 단체나 알 수 없는 힘들에 의해 이리저리 좌우될 때도 무기력에 빠진다.

자신에 대한 믿음, 자의식, 확신

독일어에는 자신의 가치에 대한 개념을 나타내는 단어들이 꽤 있다. 즉, 자신에 대한 믿음Selbstvertrauen, 자의식Selbstbewußtsein, 확신Selbstsicherheit 등이다. 그 단어들은 서로 관련되어 있는 동시에 개별적 의미를 지닌다. 대화 중 우리는 종종 이런 말을 듣는다. "나는 분명한 자의식이 없다." "나는 나 자신에 대한 믿음이 없다." "나는 확신이 안 선다." 확고한 의식을 가진 사람, 자신이 누구인지 아는 사람, 자기 안에 무엇이 있는지 아는 사람은 분명한 자의식을 가졌다고 할 수 있다.

자신감을 가지고 나설 수 있는 사람, 남의 의견에 흔들려서 자기 생각이나 행동을 번복하거나 의심하지 않는 사람, 확신을 가진 사람 등이 자의식을 가진 사람이다. 물론 의도적으로 자의식을 드러내 보일 때도 있고 일부러 자의식을 강조하는 사람도 있다. 자신의 가치를 확신할 수 없어서 답답할 때도, 사람들은 오히려 자의식을 강하게 드러낸다. 자신의 가치에 대한 내면의 의혹을 확신이 넘치는 행동으로 덮어 버리는 것이다.

자신의 가치를 느끼는 것은 곧 자신의 고유한 가치와 품위, 한 인격체로서의 유일성을 안다는 뜻이다. 즉, 바로 나 자신, 나의 참모습, 하느님께서 만들어 주신 본래의 나를 깨닫는 것이다.

자신을 믿는다는 것은 남에게 무엇을 믿고 맡기는 것, 자신의 느낌을 믿는 것, 그리고 자신을 받아들이고 보호하고 계신 하느님께 믿음을 두는 것 이상을 의미한다.

자신의 가치를 느끼는 것과 자신을 믿는 것은 서로 영향을 주고 받는다. 한 인간으로서 그 누구도 침해할 수 없는 신적 가치를 하느님께로부터 부여받아 지니고 있다는 사실을 알기에 나는 나를 있는 그대로 받아들일 수 있고, 나 자신이 선한 존재라는 사실을 믿을 수 있으며, 있는 그대로 꾸밈없이 이 세상을 살아도 된다는 사실을 믿는다.

그렇다고 해서 우리가 언제나 자신에 대해 확신해야 한다는 뜻은 아니다. 낯선 환경에서는 확신을 갖지 못하고 우둔하게 행동할 수도 있다. 하지만 그럴 때에도 자신이 그런 상태에 있음을 인식하고 받아들이면, 환경에 아랑곳하지 않고 우리는 자신을 믿을 수 있으며 가치 있는 존재임을 확신할 수 있다. 우리는 주변의 불확실성과 장해 속에서도 언제나 가치 있는 존재이다. 자의식이 몹시 강한 사람은 자신의 약한 모습을 보이지 않으려고 애쓴다. 그러나 자신의 약한 부분조차 남 앞에 드러낼 수 있을 만큼 자신에 대해 믿음을 지니고 있다. 자신의 가치를 느낀다는 것은 자신의 능력을 자랑해 부풀린다는 의미가 아니다. 오히려 모든 종류의 약점과 한계 속에서도 자기만의 고유한 가치를 의식함을 의미한다.

무기력, 무능, 불가능

독일어 'Ohnmacht'[1]은 노쇠하여 의식이 없는 상태, 정신을 놓아 버린 상태를 의미할 수 있다. 다가온 어려움이 견딜 수 없을 만큼 큰 경우, 우리 몸은 종종 무기력Ohnmacht으로 대응한다. 이런 경우에 그 어려움을 직시하지 않기 위해 우리의 의식은 흐릿하게 가라앉는다. 즉, 무기력은 자신이 아무 힘도 없다는 느낌이다. 힘은 무엇인가를 가졌을 때, 할 수 있을 때 생긴다. 무능ohne Macht[2]은 아무것도 할 수 없는 불가능ohne Möglichkeit[3]의 상태, 아무 영향력도

---

[1] Ohnmacht는 기절, 실신, 졸도, 인사불성, 무력, 무능, 허약, 연약, 무기력, 노쇠 등의 의미를 지니고 있다. 이 단어를 우리말로 옮기는 과정에서 앞뒤 문맥에 따라 이들 중 하나를 선택하는 것이 옳겠으나, 옮긴이는 주로 무기력이란 단어를 택했다.

미칠 수 없는 상태, 아무것도 소유하지 못한 상태를 가리킨다. 무능한 사람der Ohnmächtige은 아무 작용도 할 수 없고 무엇을 변화시키거나 새롭게 만들지도 못한다.

   이 세상을 살아가는 인간은 본질적으로 무력감을 지닌다. 인간은 힘Macht을 지닌 동시에 무기력Ohnmacht도 지닌 것이다. 인간은 이 세상과 자기 자신을 다스릴 힘을 지닌 동시에 자신을 제어하는 데 무기력하며 하느님에 대해서도 무기력하다.

   사람들은 자기 삶과 그 주변의 사람들, 그리고 세상을 향해 느끼는 무기력의 원인으로 인간의 삶에 필연적으로 따라다니는 무력감Ohnmachtsgefühl을 꼽으려 한다. 무력감은 자신의 가치를 충분히 인식하지 못하는 것과 관련이 있지만 그것과 동일하지는 않다. 어

---

2) Macht는 힘, 능력, 권력, 지배력, 권세, 위세, 위력, 세력, 주권, 전권, 무력, 병력 등을 의미한다. ohne Macht는 이와 반대되는 개념이다. 옮긴이는 이를 무능이란 단어로 옮겼다.

3) Molichkeit는 가능성, 개연성, 가능한 일, 일어날 수 있는 일, 실행할 수 있는 일, 기회, 전망, 능력, 수단 등을 의미한다. ohne Molichkeit는 이와 반대되는 개념이다. 옮긴이는 이를 불가능이란 단어로 옮겼다.

떤 잘못을 저질렀을 때나, 자신의 문제점을 고쳐 보려고 애썼으나 도무지 나아질 기미가 보이지 않을 때 느끼는 무력감은 자신의 가치를 충분히 인식하지 못하는 데서 온다. 하지만 자신에 대해 건강한 믿음을 지닌 사람들 중에도 무력감에 시달리는 경우가 종종 있다. 그들 역시 자기 삶의 여러 영역에서 무력감을 느낀다.

가정교육이 부실한 학생을 아무리 가르쳐도 학교 교육의 성과가 나지 않을 때 교사는 무기력함을 느낀다. 온갖 노력을 기울여도 주일 미사에 나오는 신자수가 자꾸 줄어들면 본당 신부들 역시 무기력해질 수밖에 없다. 당연하다는 듯 존재하는 불공평이나 만연한 빈곤, 끊임없는 폭력 사건, 융통성이라곤 없는 관료 조직, 무의미한 전쟁들을 대하면서 사람들은 무기력에 빠진다.

무력감을 잘 견뎌 내는 사람은 드물다. 그런 상황들과 맞닥뜨리면 심리적 압박감에 시달리거나 미리부터 포기해 버리기도 한다. 아니면 공격적이 되거나 스스로를 학대한다. 모두들 아예 무기력을 모른 척하거나 자신의 무기력으로부터 도망치려고 한다. 그것도 아니면 무기력에서 벗어나기 위해 힘을 가지려고 한다.

   이 책에서는 우리가 살아 있는 동안 늘 그림자처럼 따라다니는 무력감에 사로잡히거나 구애를 받지 않도록 다스리는 법을 살펴보고자 한다. 그리고 그동안 해온 영적 지도들을 토대로 자신의 가치에 대한 건강한 느낌을 잘 개발할 수 있는 방법들에 대해서도 다룰 생각이다. 단순히 심리학적 측면뿐만 아니라, 처음부터 영성적 측면과 더불어 생각해 볼 것이다. 믿음으로 살아가고 믿음 안에서 큰 도움을 받는 수도자인 나 자신도, 하느님께 대한 믿음이 어떻게 나 자신에 대한 믿음을 얻는 데 도움을 주는지 살펴보고자 한다.

   나 개인적으로는 자신의 무기력을 인식하고 창의적으로 잘 다스려 나갈 수 있는 길을 믿음에서 발견하기를 소망한다. 우리가 신앙의 도움으로 자신의 무력감을 잘 다스리고 자신의 가치를 잘 인식할 수 있는 방법을 알아내려면, 자신의 무기력과 가치를 잘 인식하지 못하는 현실을 있는 그대로 직시할 수 있어야 한다. 심리적 차원이 도외시된 영성적 차원은 곤란하다. 오히려 나는 심리적 차원을 통해서 하느님을 발견해 나간다. 하느님께로 나아가는 길은 우리의 심리적 실상을 지나쳐 갈 수 없다. 심리적 실상을 모른 척한다면 미국인들이 'spiritual bypassing'이라고 말하듯이 현실에 대한 종교적 비약이 될 것이다. 우리 삶에 존재하는 심리적 실상을 간과하고 나아갈 수 있는 영적 길은 없다. 그리스도는 우리 각자에게 실제의 모습으로 내려갈 수 있는 용기를 주시려고 인간이 되어 오셨다. 오직 아래로 내려가야만 하느님께 올라갈 수 있다.

나는 심리학적 내용을 말하기에 앞서 자신의 가치를 느끼는 과정과

자신에 대한 믿음이 부족해지는 원인들부터 짚어 보고

자신에 대한 믿음을 성장시킬 수 있는 길을 소개하고자 한다.

작업을 진행하면서 나는 심리적 체험과 영성적 체험을 연결시키는 문제에 관심을 쏟을 생각이다.

자신을 고집하는 것을 배워 나가는 자아가, 곧 하느님과 그분이 주신 삶에 대해

근본적인 믿음을 가져야 하는 유일한 인격체로서의 자아이기 때문이다.

1부_ 자신의 가치를 계발하기

1; 자신의 가치에 대해 좋은 느낌 쌓아 가기

어떤 어린 시절을 보냈든, 자기 자신의 가치에 대한 좋은 느낌을 계속해서 가꿔 나갈 숙제가 우리 모두에게는 있다. 숙제는 공통적으로 받았지만 그 바탕은 사람마다 다르다. 어린 시절부터 자신과 자신의 삶에 대해 충분한 믿음을 지니고 산 사람도 있을 것이다. 또는 어릴 때 주변 사람들로부터 무시를 당하거나 무가치한 존재로 취급당한 기억이 있을 수도 있다. 이런 사람들은 자신의 숙제를 성실하게 하기가 매우 어렵다. 그러나 불가능하지는 않다. 이제부터라도 열심히 한다면 자신과 자기 삶의 역사에 대해 "예!" 하고 긍정할 수 있으며 자신이 지닌 강점과 약점을 받아들일 수 있다. 그 결과, 유일무이한 자신의 정체성을 발견하고 다른 사람들 앞에 당당히 설 수 있을 것이다.

원초적 믿음

어릴 때 어머니에게서 체험한 '내게 무조건 좋은 것만 해주리라'는 원초적 믿음은 우리 자신과 주변에서 믿음을 쌓아 갈 때 결정적인 역할을 한다. 어머니에게 믿음을 듬뿍 받고 자란 아이의 마음속에는 역시 믿음이 풍요롭게 들어 차 있다. 어머니가 아이를 잘 믿지 않고 아이 키우기를 두려워하면서 아이가 혹시 잘못을 범하지나 않을까 조바심하면, 아이 역시 마음속에 확신을 갖지 못한다. 아이는 초기에 어머니로부터 체험한 것을 그대로 다 받아들인다. 어머니의 보살핌을 받고 자라면서 아이는 어머니가 무엇을 하는지 뿐만 아니라, 그것을 어떻게 하는지도 인식한다. 어머니가 하는 일이 어머니에게 좋은 영향을 미치는지 나쁜 영향을 미치는지, 어머니가 편안함을 느끼는지 불안해하는지, 어머니가 그것을 기쁘게 하는지 억지로 하는지, 그 일을 하면서 즐거워하는지 짜증을 내는지 등 모든 것을 느낀다. 이런 과정을 겪는 동안 아이의 마음속에는 안정감 또는 불안감이 형성되고 자신의 가치에 대한 느낌도 생겨난다.

'원초적 믿음'이란 개념은 에릭 에릭슨Erik Erikson에 의해 도입되었다(Erik H. Erikson, Identität und Lebenszyklus, Frankfurt 1966 참조). 원초적 믿음은 부모에게 자신을 내맡길 수 있는 느낌이고, 또 자신에게 자기를 내맡길 수 있는 느낌이다. 부모나 가족에게서 원초적 믿음을 체험한 사람은 자신의 주변 세상도 믿음의 눈으로 바라본다. 그는 용기 있게 자신의 삶을 펼쳐 나가면서 기쁨을 느끼고 자신의 능력을 더 발휘하려고 노력한다. 그는 근본적으로 사람들에게 깊은 믿음을 지니고 있고 존재 자체에 대해서도 그러하다. 이 원초적 믿음을 확대 해석하면 종교적 요소로 볼 수 있다. 인간에 대한 믿음 속에서 하느님께 대한 믿음도 성장하기 때문이다. 하느님은 우리 자신을 내맡길 수 있는 분이자, 우리를 위해 계시는 분이다.

에릭슨에 의하면 종교와 전통을 존중하는 어린이 교육은 세상에 대한 아이의 믿음을 강화하는 데 큰 도움이 된다(Erik H. Erikson, 같은 책 74쪽 참조).

신앙은 어린아이가 세상과 사람, 하느님에 이르기까지 존재의 근원들에 대해 원초적 믿음을 갖도록 도움을 준다. 원초적 믿음을 충분히 갖지 못한 어린아이는 자기 자신에 대해 지나치게 비판적인 어른으로 자란다. 그는 자기 자신을 믿지 못할 뿐 아니라 자신의 능력에 대해서도 부정적이며, 다른 사람들이 자신을 받아들이는지에 대해서도 확신이 없다.

삶에 대한 믿음은 '자아의 정체성Ich-Identität'을 찾는 데도 중요한 전제가 된다. 자아의 정체성은 내가 삶의 모든 영역 안에서 성실하게 살면서 희망의 실마리를 잡고, 내 존재가 하나로 일치해 있는 느낌을 의미한다. 강한 자아 정체성은 아이에게 자신의 본능을 자연스레 받아들이게 하며, 원초적 믿음 없이는 견디기 어려운 죄의식에서도 지켜 준다.

자아의 정체성을 찾은 사람은 다른 사람에게 친밀함을 보일 줄 안다. 또한 일의 생산성도 높여 자신이 하는 창조적인 일에서, 혹은 아이를 낳아 기르면서 그 능력을 발휘한다. 에릭슨에 의하면 인간적 진보의 목적은 성실Integrität[6]이다.

성실에 도달한 사람은 자신과 일치하고, 자기 삶의 역사를 이해하고 받아들이며, 자신의 가치를 강하게 느끼기에 자신의 고유한 품위를 존중한다.

에릭슨의 이와 같은 관찰은 그리스도인들에게 매우 중요한 의미를 시사한다. 즉, 종교 교육 역시 하느님께 대한 믿음을 모든 가르침의 바탕으로 가르쳐야 옳다는 것이다. 사람의 행동을 일일이 감시하여 잘못하면 벌을 주는 존재로 하느님을 소개하면, 아이들은 원초적 믿음보다 원초적 두려움을 갖게 된다. 그리고 일거수일투족을 감시당하고 심판을 받으며 조종당한다고 느끼면서, 삶의 영역이 너무 좁다고 답답해할 것이다.

---

[6] Integrität는 완전무결, 품행의 방정, 정직, 고결, 성실 등을 의미한다. 여기서 옮긴이는 '성실'이라는 말을 썼다. 사실 Integrität에는 성실 이상의 의미가 담겨 있으나 성실한 사람은 다른 요소들 역시 갖추고 있다고 생각해 그렇게 선택했다.

한편, 단순히 하느님은 우리의 모든 것을 섭리하는 분이니 그분을 믿으라고 말하는 것은 충분하지 않다. 믿음을 불러일으키는 기회를 통해 모든 믿음의 바탕으로 하느님을 체험할 수 있어야 한다. 에릭슨의 생각은 세상에 떠도는 하느님과 인간에 대한 온갖 말들이 올바른지 아닌지 분간하는 시금석이 될 것이다. 하느님의 계명과 우리의 요구 사항들을 잘 지켜야 한다는 요청은, 어린아이를 수동적이고 창의력이라곤 없는 지루한 인간으로 키울 수 있다. 하느님이 원한 인간의 모습은 성실하고 창의적이며 온전하고 생산적인 존재이다. 자기 삶에서 내적 통일을 발견한 사람, 생동감으로 가득 차 활발한 사람, 언제나 새로운 아이디어가 넘치는 사람, 주변에 늘 무언가 새로운 의미가 생성되는 사람이 하느님의 뜻에 일치하는 사람이다.

유일성과 일회성

자신의 가치를 느낀다는 것은 단순히 자기 자신이나 세

상, 하느님께 믿음을 두는 것뿐 아니라, 자신의 유일성을 발견한다는 뜻도 포함되어 있다. 사람은 누구나 하느님께서 만들어 주신 유일한 자신만의 모습을 지니고 있다. 토마스 데 아퀴노는, 인간이 자신만의 고유한 방법으로 하느님을 세상에 드러낸다고 보았다. 만약 그렇지 않다면 이 세상은 참으로 보잘것없을 것이다.

로마노 과르디니Romano Guardini는 자서전에서 하느님은 인간 각자에게 해당되는 원초적 말씀을 하신다고 적었다. 인간은 육화된 하느님의 말씀이다. 그러므로 우리 각자가 지닌 과제는 자신에게 주어진 하느님의 유일한 말씀이 드러나도록 하는 것이다. 자신의 가치를 느끼는 것은 나 자신이 바로 유일한 하느님의 말씀이라는 것과, 하느님이 나를 통해 그 말씀을 표현하신다는 사실을 인식하는 것이다. 우리는 이런 사실을 의식하지도 확신하지도 못할 수 있다. 그러나 우리는 자신의 유일한 실존의 신비를 느낀다. 우리는 나를 다른 사람과 비교할 필요가 없고, 나의 장점을 겉으로 드러낼 필요도 없다. 나의 유일성은 내가 가치 있다고 생각하고 자랑하려는 온갖 장점과는 무관하다. 유일성은 하느님께서 나를 만드셨다는 사실로 성립된다. 시편 저자는 자신의 유일성에 대한 행복한 체험을 이렇게 노래하고 있다.

"정녕 당신께서는 제 속을 만드시고 제 어머니 배 속에서 저를 엮으셨습니다. 제가 오묘하게 지어졌으니 당신을 찬송합니다. 당신의 조물들은 경이로울 뿐. 제 영혼이 이를 잘 압니다. 제가 남몰래 만들어질 때, 제가 땅 깊은 곳에서 짜여질 때, 제 뼈대는 당신께 감추어져 있지 않았습니다."(시편 139, 13-15)

존 브래드쇼John Bradshaw는 자신의 유일성에 대한 확신이 긍정적인 자기 가치를 갖는 데 매우 중요하다는 사실을 가장 먼저 제시했다. 어린이는 부모 앞에서 자신을 있는 그대로 드러내도 된다는 것을 경험할 때, 자신의 감정이 부모에게 존중받을 때, 자신의 유일성을 부모가 진지하게 받아들일 때 자신에 대해 긍정적으로 느끼게 된다. 하지만 그런 체험을 못한 아이는 주변을 불신하게 되고 내적으로 상처를 받으며 마음의 문을 닫고 만다.

어린이의 유일성 안에는 자신을 "나는 나다"라고 계시하신 하느님의 모상이 들어 있다. 브래드쇼는 어린이가 자신의 고유한 느낌과 특별한 가치를 존중받지 못할 때 영적으로 상처를 입는다고 했다. 그 영적 상처는 우리를 독립적인 존재로 성장하지 못하게 하고, 부끄러움과 주저함으로 가득 차 매사에 소극적인 애어른으로 남아 있게 한다. 건장한 남성이나 여성이 절망의 나락으로 끊임없이 추락하는 것은, 멋지고 가치 있으며 특별하고 소중한 사람으로 존중받지 못해 '나는 나 자신으로서의 나'라는 느낌을 상실했기 때문이다(John Bradshaw, Das Kind in uns, München 1992, 66. Zum Ganzen vgl. dort passim).

자신의 가치를 확신하지 못해 어려움을 느끼는 젊은이들이 내게 와서 공통적으로 되풀이하는 말은, 부모가 자신의 유일성을 존중해 준 적이 지금까지 단 한 번도 없었다는 것이다. 그들의 부모는 아이들이 느끼는 것을 함께 느껴 보려는 노력을 하지 않았고, 아이들을 자신들의 잣

대로 평가하고 판단했다. 아이는 뭔가를 말하려고 할 때마다 이런 말을 들었다. "너는 그 일을 하기엔 아직 어려. 해도 성공할 수 없어. 너는 너무 어리석어. 넌 지금 제대로 알지도 못하면서 덤비는 거야." 부정적인 말은 아이들에게 자신의 가치를 느끼지 못하게 한다. 어린아이는 부모의 말을 곧이곧대로 받아들여 내면에 간직한다. 부정적인 말을 간직한 아이는, 자신은 아무짝에도 쓸모가 없으며 너무 느려 다른 사람들이 그 일을 훨씬 더 잘하리라고 생각하게 된다. 그 아이는 자신의 특별한 가치에 대한 느낌을 전혀 성장시키지 못한다.

부모의 부정적 평가와 판단은 아이에게 깊이 영향을 미쳐 아이가 자신에 대해 부정적인 느낌을 갖게 한다. 그는 성장한 뒤에도 자신을 쓰레기 같은 놈, 멍청하고 어리석고 구제 불능인 놈, 나쁜 짓이나 하고 돌아다니는 놈으로 느낀다. 하느님께서 주신 자신의 유일성을 느끼지 못한 '나'는 그와 상반되는 '나는 나쁜 놈'이라는 느낌이라도 간직하려 드는 것이다.

가득 찬 단지

가족 심리 분석가인 미국의 버지니아 새터Virginia Satir는 자신의 가치를 느끼는 데 있어서 좋은 표상을 소개하고 있다(Virginia Satir, Selbstwert und Kommunikation, München 1993).

그녀는 자기 정원에 있는, 계절에 따라 비료, 쓰레기, 거름 등으로 가득 채워지곤 하는 쇠로 만든 두엄 단지를 자신의 가치를 느끼는 좋은 표상의 예로 든다. 어떤 사람이 "내 단지는 오늘 가득 찼다"고 말한다면, 다른 사람들은 그가 에너지로 가득 차 있고 자신의 가치를 느끼고 있다고 받아들인다. 반면 "나를 제발 그냥 놔두게. 내 단지가 나를 핥고 있네"라고 말한다면, 그 사람의 하루가 별 볼일 없었음을 의미한다(한국 사람에게는 쉽게 와 닿지 않으나 독일 사람들은 사는 게 따분하고 지루할 때 흔히 쓰는 비유이다 – 역자 주).

내가 지도하고 있는 피정의 집에는 자신의 내적 원천을 발견하기 위해 심리 분석 및 영적 지도를 받으면서 석 달째 지내는 손님들이 있는데, 이들은 그 단지의 표상을 쉽게 이해했다. 그들 중 한 사람이 다른 사람들에게 오늘 자신의 단지가 가득 찼다고 소리쳤다. 그들은 가끔 단지에 빗대어 자신의 기분을 표현하곤 했다. 그들은 어떤 사람이 오늘 구멍 난 양동이 같은 단지를 갖고 있다고 하거나 그 단지가 콘크리트 같다고도 말한다. 그들은 단지를 빌려 자기들이 처한 상태를 그때그때 표현하곤 했다.

자신의 가치를 느끼는 능력은 타고나는 것이 아니라 가족 안에서 배우는 것이다. 그것은 어린아이가 부모로부터 인정받고 가치 있는 존재로 받아들여지는 체험을 할 때마다 조금씩 길러진다. 어린이는 자신이 존중받고 있는지, 자신의 가치를 인정받고 있는지를 부모의 표정을 통해서 느끼고 인식한다. 어린아이가 자신의 가치에 대해 좋은 느낌을 갖기 위해서는 열린 분위기가 필요하다. 누군가 잘못을 저질렀을 때 열린 자세를 가진 사람은 대화를 통해 그것을 수용한다. 자신의 가치를 충분히 느끼지 못하는 사람은 닫혀 있어서 다른 사람과 충분히 소통하지 못할 경우가 많다.

　자신의 가치를 느낄 줄 알게 되는 것은 언제든지 가능하다. 그것이 불가능할 만큼 절망적인 경우는 없다. 사람은 누구나 긍정적인 행위를 통해 부족한 소통을 채워 나갈 수 있다. 텅 비어 버린 단지를 채워 나가는 새로운 체험을 언제든지 할 수 있다는 말이다.

　피정의 집에 거주하는 손님들은 대화를 나눔으로써 단지를 채워나가는 데 서로 도움을 주고받는다. 대화를 통한 소통은 자신의 가치를 느끼는 데 매우 중요하다. 신심은 깊으나 서로 대화를 나누지 못하는 가족은 함께 사는 장점을 충분히 누린다고 볼 수 없다. 깊은 신심만으로는 자신에 대한 가치를 느끼기 어렵기 때문이다. 자신의 가치를 느끼기 위해서는 무엇보다 풍부한 대화를 통한 공감대가 이루어져야 한다. 그래야 비로소 사람과 사람 사이에서, 하느님 앞에서 우리가 가치 있는 존재라는 사실을 인정할 수 있다.

그림자를 받아들임

  자신의 가치에 대한 바람직한 느낌은 성공할 때만 가질 수 있는 것이 아니다. 자신의 가치를 느끼는 데 결정적으로 중요한 요소는 스스로에 대해 어떤 상황 속에서도 '그렇다'고 긍정하는 것이다. 나는 수년 전에 심리학자들을 위한 세미나에 참석한 적이 있는데, 어떤 사람이 그곳으로 오는 길이 너무 복잡해 찾아오기가 무척 힘이 들었다며 아직까지도 정신이 혼란스럽다고 했다. 심리학자는 자신에 대한 흔들림 없는 확신이 있어야 한다는 게 당시 나의 생각이었다. 하지만 그 얘기를 들으면서 나는, 자신의 가치를 느끼려면 자신의 약점이나 어두운 부분과도 화해해야 한다는 사실을 깨달았다. 자신의 실수를 다른 사람들 앞에서 인정할 수 있는 사람, 있는 그대로의 자기 자신으로 서 있는 사람, 자신을 웃음거리로도 만들 수 있는 사람은 참으로 자신의 가치를 잘 느끼는 사람이다. 그런 사람은 자신을 있는 그대로 받아들일 수 있고, 자신의 부족한 면과 편안하지 않은 면들까지도 다 받아들일 수 있기 때문이다.

융C. G. Jung에 의하면 자신을 받아들이기란 자신의 그림자까지도 받아들임을 의미한다. 인간은 항상 양극, 즉 두려움과 믿음, 이성과 감성, 사랑과 공격성, 규칙과 불규칙 사이에서 살아간다. 언제나 자기 확신에 찬 자세로 행동하는 사람은 양면 중 한 면만을 보여 주는 것이다. 확신에 찬 사람은 자신의 입장은 논리 정연하게 말하지만 자기 느낌은 잘 표현하지 못한다. 화제가 감정 부분으로 옮겨지면 그는 당황하거나 입을 다문다. 그가 자신의 가치에 대해 진정으로 느끼지 못하고 있기 때문이다. 그는 한쪽 면만을 느끼고 있을 뿐이다. 오직 한 면만을 의식하면서 살아가는 사람들은 다른 면은 그림자 속으로 억압한다. 그림자 속으로 억압된 면은 그 속에서 부정적인 작용을 한다. 억압된 감정들은 감상적 자세로 표출되어 나온다. 그림자 속에 가려진 부분이 있는 사람은 다른 부분의 조절 능력까지도 상실하고 만다.

그림자는 자기 안에 감춰진 약한 부분이 들춰지면 매우 민감하게 반응한다. 자신에 대해 늘 강하게 확신하며 살아가는 듯한 사람이 어느 날 갑자기 자기 조절 능력을 잃어버리는 경우가 바로 그렇다. 늘 자신감에 넘쳐 보이던 사람은 느닷없이 폭삭 무너져 내릴 수가 있다. 하지만 자신의 그림자를 받아들인 사람은 자신이 웃음거리가 되거나 맹렬한 비판의 도마 위에 올라 있을 때에도 침착성을 잃지 않고 차분하게 반응한다. 그는 자신을 잘 알고 있으며, 자신의 밝은 면과 어두운 면을 함께 수용하고 있다. 따라서 다른 사람들이 자신에 대해 어떤 말을 해도 놀라거나 당황하지 않는다. 그는 자신의 두 발을 양극의 발판 위에 단단히 올려놓고 있기 때문에 어떤 상황이 닥쳐도 흔들리거나 좌절하지 않는다.

융은 자신의 가치에 대한 건강한 느낌이 인간의 모든 면을 통째로 수용하는 행위, 즉 그림자를 받아들임으로써, 영혼 안에 간직한 상징과 표상을 통해, 형상화된 하느님의 모상을 받아들임으로써 키워진다고 보았다. 융은

'내가 되는 것Ichwerdung'이 아니라 '자신이 되는 것 Selbstwerdung'에 대해 말한다. '자신das Selbst'은 '나das Ich'와는 조금 다르다.

'나'는 오직 내가 나에 대해 의식하고 있는 것만을 의미한다. 나는 그 의식의 중심부der bewußte Kern에 의해 결정된다. 이런 사실은 우리가 흔히 쓰는 다음과 같은 말에서 분명히 드러난다. "나는 지금 그것을 원한다. 나는 지금 이렇게 결정한다. 나는 지금 그곳으로 간다. 나는 전혀 흥미가 없다." '나'는 당당하게 드러나고 싶어 한다. 우리는 자신을 이 '나'에 붙잡아 두는 경우가 많은데, '자신'이 되기 위해서는 이 작은 '나'를 버려야 한다.

'나'를 버리고 '자신'을 찾으려면 자기만의 고유한 내면 깊은 곳으로 들어가 참된 인격의 핵심을 발견해야 한다. 물론 이 작업은 그리 수월하지 않다. "높은 데 있다가 아래로 내려가서 머무는 것은 결코 쉬운 일이 아니다. 아래로 내려가면서 우리는 제일 먼저 사회적 지위를 잃게 되지는 않을까를 걱정하고, 그 다음으로 자신의 약점을 인정했다가 이제껏 쌓은 도덕적 지위를 잃지나 않을까를 걱정한다."(C. G. Jung, Gesammelte Werke 10. Band, Olten 1974, 387)

우선, 우리 자신의 가장 깊은 곳으로 내려가야 한다. 하느님의 모상은 우리 영혼의 밑바닥에 놓여 있기 때문이다. 자기 안에 들어 있는 하느님의 모상을 받아들이는 사람만이 자기 자신sein Selbst을 발견할 수 있다. 그리고 내면세계의 핵심인 참된 자신을 찾은 사람만이 자신의 가치에 대한 진정한 느낌을 갖는다.

참된 자신을 만나는 사람은 주위 사람들의 견해에 좌우되지 않고 독립적으로 살아간다. 그는 자기 자신과 자신의 고유한 품위를 발견한다. 그리고 자신과 함께 머무르며 그 머무름을 오랫동안 견디는 능력이 있다. 자신의 고유한 내면세계로 여행하는 일이 너무나 황홀하기 때문에 외부로부터 오는 칭찬이나 비난이 그리 중요하게 느껴지지 않는다. 융은 한 독일 친구에게 보내는 편지에 이렇게 쓰고 있다.

"사람의 가치는 다른 사람들과의 관계에서 성립되는 것이 아니라 바로 자신 안에서 성립된다. 때문에 우리는 우리 자신에 대한 느낌이나 자아에 대한 존중이 다른 사람과의 관계에 의해 좌우되도록 놔두어서는 안 된다. 물론 다른 사람과의 관계에서 많은 영향을 받는 것은 사실이다."(C. G. Jung, Briefe I, Olten 1972, 198f)

'자신이 된다는 것'은 참된 자기 자신으로 돌아옴을 의미하고 다른 사람들의 평가에서 독립함을 의미한다. 융은 자신의 가치를 느끼기 위해서는 자기 삶의 역사와 화해부터 해야 한다고 말한다. 지난날의 삶에 대해 곰곰이 생각하면서 자신의 가치를 느끼지 못한 원인만 찾으려고 에쓰는 것은 무의미하다고 그는 주장한다.

언젠가 한번은 자기 삶에 대해 스스로 책임을 져야 하므로, 우리는 자신의 과거와 화해하고 그것을 바탕으로 앞으로의 삶을 새롭게 만들어 가야 하는 것이다. 우리는 나무로 예쁜 조각품을 만들 수 있고, 돌로 훌륭한 예술품을 만들 수 있으며, 흙을 빚어 매우 유용하고 가치 있는 그릇을 만들 수도 있다. 하지만 그것은 어디까지나 재료에 알맞게 작업을 진행했을 때의 결과이다. 그렇게 하지 않고는 아무 작품도 만들지 못한다.

우리 자신의 과거는 우리에게 주어진 재료이다. 그것이 나무든, 돌이든, 흙이든 상관없이 우리는 그것으로 아름다운 작품을 만들 수 있다. 다만, 그러기 위해서는 재료의 성질을 고려해야 한다. 우리가 자신의 과거와 화해해야 하는 이유도 바로 여기에 있다. 화해가 이루어지고 나면 우리의 과거는 앞날에 매우 가치 있는 재료가 될 수 있다. 나는 조언을 구하는 사람들에게 언제나 다음과 같이 말하곤 한다. "당신 삶의 역사가 당신의 재산입니다. 만약 당신이 지나온 삶의 길과 화해한다면, 설령 그 길에 어려움이 많았다 해도 그 어려움들조차 많은 사람을 위한 열매를 맺는 데 좋은 거름이 될 것입니다."

내 삶에 대해 스스로 책임질 줄 알게 되면 내 비참함의 원인을 다른 사람들에게서 찾는 것을 그만두게 된다. 내 삶에 대한 책임은 바로 나 자신한테 있다는 사실을 의식하면, 나만이 간직한 가능성과 하느님께서 만들어 주신 나의 유일한 모습에 대해서도 눈을 뜨게 된다. 이렇게 되기 위해서는, 우리가 그동안 나 자신이 이 정도는 되어야 한다고 은연중에 세워 두었을지도 모르는 지나치게 높은 목표와 이별해야 한다. 이제부터 아무런 잘못도 하지 않는 완전한 존재가 되기 위해서가 아니라, 내 안에 들어 있는 모든 요소들을 받아들이면서 나와 완전히 일치하는 데 모든 관심을 쏟아야 한다.

융에 의하면 자신의 가치에 대한 건강한 느낌은 자기 자신의 밝은 면과 어두운 면, 높은 면과 낮은 면, 선한 면과 악한 면, 신적인 면과 인간적인 면 모두를 인식하고 그들에 대해 섬세한 감각을 갖는 것이다. 이는 곧 내 안에서 유일무이한 방법으로 탄생하려 하시는 하느님을 감지함으로써 성립한다. 나 '자신'이란 궁극적으로 내 안에 있는 하느님의 모상이자, 하느님께서 나만을 위해 만들어 주신 세상에서 유일한 존재인 것이다.

영적 자아

융에 의하면 '자신'에는 지금까지 살아온 결과 이상의 의미가 담겨 있다. 현대의 초인격적 심리학은, 자신의 참 모습을 제대로 알기 위해서는 자기 자신에 대한 수많은 생각들을 모두 떨쳐 버려야 한다고 말한다. 우리는 나에 대한 부모의 생각, 성공하거나 성취한 일, 외부로부터 오는 인정이나 증명, 관계, 호의에 따라 나를 정의하려는 경향이 있다.

우리가 자신의 느낌이나 요구 사항, 질병이나 건강 등으로 스스로를 정의하고 있는 동안에는 그런 것들에 매여 '참된 자신'의 진면목을 볼 수가 없다. 참된 자신을 발견하려면 하고 있는 역할이나 일, 성취, 주변 사람들의 평가 등에서 벗어나야 한다. 즉, '영성적 자신'을 발견하기 위해서는 스스로 내린 자신에 대한 정의들을 버려야 한다.

초인격적 심리학은 자신의 정체성에 대한 잘못된 생각을 버릴 수 있도록 도와준다. 자신의 생각이나 느낌, 열망을 관찰한 다음 자신에게 이렇게 말하자. "나는 내가 짜증을 느낀다는 사실과 그 원인도 알고 있다. 나와 내가 느끼는 짜증은 별개이다. 내가 곧 짜증은 아닌 것이다. 내 안에는 이 짜증을 관찰하고 있는 지점이 있고, 이 짜증의 영향을 받지 않는 자신이 있다. 그것은 결코 관찰되지 않는 존재, 즉 참된 자신이다."

이탈리아의 정신과 의사 로베르토 아사지올리Roberto Assagioli는 정체성에 대한 잘못된 생각을 버리기 위한 순차적 방법을 제시한다. 먼저 자신의 육체에 대해 느낀 다음, 육체는 변화하는 존재라는 사실을 의식한다. 육체에서 순수한 의식의 중심인 영적 자신으로 나아가, 영적 자신으로부터 변화하는 육체를 관찰하면서 자기 자신으로 그대로 머물며 변함없이 존재한다. 이러한 과정을 올바르게 거칠 때 자신의 참된 정체성을 찾을 수 있다. 아사지올리는 이 영성적 자신을 '순수한 자의식Selbst-Bewußtheit과 자아실현Selbst-Verwirklichung의 중심'이라고 명명했다(Roberto Assagioli, Psychosynthese, Prinzipien, Methoden und Techniken,

Zürich 1988, 139).

우리는 확실하게 의식하면서 드러내며 주장하고 싶어 하는 '나' 이상의 존재이다. 영성적 자신은 우리가 그 안에서 온전히 우리 자신과 함께할 수 있는, 하느님으로부터 창조된 '참된 자신'을 발견하는 내면의 고향이다. 하느님께서 만들어 주신 우리의 참된 모습이란 세상에 단 하나뿐인 그 무엇과도 바꿀 수 없는 존재이다. 이는 확신과 자의식 이상을 의미한다. 확신을 가지고 살아가든 그렇지 않든, 세상 밖으로 자신을 강하게 드러내든 그렇지 않든 우리는 외부로 드러나는 삶의 모습을 능가하는 존재인 것이다. 그러므로 자신의 가치를 스스로 인식하고 인정하는 것이 바로 우리의 과제이다.

나의 가치를 어떻게 스스로 인식할 수 있을까? 과연 나 자신을 다른 사람보다 더 강하고 더 훌륭하다고 평가할 수 있을까? 이런 문제들은 그리 중요하지 않다. 나 자신에 대한 믿음을 갖는 데 방해가 되는 어린 시절의 상처를 관찰하고 두려움을 분석한다고 해서 '나 자신'이 발견되는 것은 아니다. 내가 내 힘으로 참된 나 자신만의 신비를 발견해 낼 수 있어야 가능하다.

초인격 심리학자인 부겐탈Bugental은 우리의 문제가 우리 자신을 언제나 바깥에서, 즉 외부의 인정과 성취, 안전장치 등에서 찾는 것이라고 했다. 그러나 정작 그것은 참된 고향인 영혼의 내면세계에서만 찾을 수 있다.

"우리의 고향은 바로 우리 내면에 있다. 그곳이야말로 우리가 아무런 가식 없이 살 수 있는 곳이다. 아주 오래 전부터 내려오는 이 진리를 자신을 위해, 자신에게 맞는 방법으로 새롭게 발견하지 않으면 위로라고는 전혀 없는 바깥세상에서 위로를 찾기 위해 이리저리 돌아다니며 헛고생을 하는 저주를 받을 수밖에 없다."(James Bugental, Stufen therapeutischer Entwicklung, in: Psychologie in der Wende, hrsg. v. R. N. Walsh und F. Vaughan, München 1985, 217)

강한 자의식을 바깥으로 표출하거나 좋은 사람으로 보이는 데 열중하며 비판에 방어적인 채, 외부의 압박을 이겨 내는 것만이 능사는 아니다. 물론 겉으로는 확신에 찬

듯, 자신감을 가진 듯 비칠 것이다. 그러나 이는 모래 위에 쌓아 올린 성과 같아 참된 자신과 올바른 만남을 이룰 수 없다.

참된 자신이란 내가 살면서 이룬 결과는 물론, 내가 받은 교육 및 성장을 위한 스스로의 노력도 초월한다. 그것은 하느님께서 직접 우리에게 전달하신 매우 신비로운 것이다. 하느님께서는 그 안에 당신 자신을 유일한 방법으로 표현해 놓으셨다. 또한 그것은 하느님께서 만드신 원초적인 모습이자, 내 안에서 육화(肉化)되기를 원하는 그분의 고유한 말씀이다. 로마노 과르디니의 말대로 유일하고 고유한 한 사람을 뜻하는 하느님의 원초적 말씀이다. 그 말씀은 우리를 통해 세상에 표현되고자 한다. '영성적 자신'이란 바로 내 안에서 볼 수 있고 들을 수 있는 존재가 되고자 하시는 유일무이한, 무엇과도 바꿀 수도 없는 하느님의 말씀이다.

자신의 가치를 느끼게 해주는 표상들은 매우 많다. 여러 심리학자들도 다양한 표상들을 제시했지만, 우리는 성경에서 자신의 좋은 가치를 느끼게 해주는 표상을 볼 수 있다. 그중 하나가 너무 작아서 눈에 잘 보이지도 않는 겨자씨의 비유이다(마태 13, 31-32). 겨자는 땅속에 뿌리를 깊이 내리고 하늘 높이 성장한다. 겨자는 자기 내면이 튼튼해 다른 사람들이 함부로 어쩔 수 없는 사람에게 어울리는 표상이다. 그는 하느님 안에 깊이 뿌리내리고 있다. 그래서 다른 사람들은 그에게 기댈 수 있고, 그의 그림자에서 마치 고향에서와 같은 안식과 보호를 누린다.

밭에 숨겨진 보물의 비유도 있다(마태 13, 44). 우리를 위한 매우 소중한 보물이 밭 한가운데, 지저분한 흙과 거름 속에 파묻혀 있다. 참된 자신을 발견하려면 우리는 땅을 파헤쳐야 한다. 값비싼 진주의 비유도 이와 비슷하다(마태 13, 45-46). 진주가 진주조개의 상처 속에서 자라나듯 우리도 상처 한가운데서 하느님께서 만들어 주신 본래의 우리 모습을 찾을 수 있다. 상처는 우리를 걸려 넘어지게도 하고 참된 우리 자신을 덮은 온갖 다른 표상들을 찢어 버리기도 한다.

이처럼 성경의 표상들은 우리 자신이 본래 누구이며, 하느님께서 우리를 통해 당신 자신을 드러내시려는 신비는 물론, 그 신비 안에서 우리 역시 하느님께 참여한다는 사실을 보여 준다. 그리고 우리가 삶의 여정이나 과거를 초월한 존재라는 사실도 나무 밑동에서 돋아나는 새싹의 표상에서 분명하게 보여 준다. 잘려 나가고, 부서지고, 상처 입고, 죽은 것처럼 보이는 나무의 밑동에서도 봄이 되면 새로운 싹이 어김없이 자라나지 않던가.

'자신'은 우리 눈에 보이지 않다가, 삶에서 어떤 것이 잘려 나가고 부서지고 나서야 비로소 그 형체를 드러낸다. 우리 자신은 부서진 삶의 파편 속에서도 새롭게 자라날 수 있고, 모든 것이 말라 비틀어져 아무것도 자랄 수 없어 보이는 곳에서도 피어날 수 있다. 우리가 다른 이들에게 축복의 존재가 될 수 있다는 성경의 보도는 커다란 위안이 아닐 수 없다(이사 11, 1 참조). 우리 자신은 외적 성공이나 확신에 따라 교체되는 존재가 아니며 실패나 상처들 가운데서도 발견할 수 있다. 이 사실은 우리에게 큰 위안이 된다. 상처들 속에서 발견하는 나 자신은 모든 외적 황폐와 파괴를 넘어 굳건히 존재한다. 나는 하느님의 손에 의해 만들어진 존재이기 때문이다.

2. 자신의 가치에 대한 느낌을 어렵게 하는 표상

자신의 가치를 느낄 수 없어 영적 지도를 받으러 오는 사람들이 날로 증가하고 있다. 그들 대부분은 자신을 신뢰하지 못하고 자신의 가치를 느낄 수 없어 문제라고 호소한다. 그리고 상담을 통해 자신의 가치를 충분히 실감하지 못하는 것이 괴로움의 원인이라는 사실을 알고 나면, 그들은 홀가분해하면서 기뻐한다. 하지만 진짜 문제는 그때부터이다. 그들의 괴로움은 자신의 가치를 더 잘 느끼고 자신에 대한 신뢰를 높일 수 있도록 구체적인 방법들을 스스로 실천해야만 말끔히 해결된다.

여기서 먼저 자기 자신을 잘 믿지 못하는 성경의 예들을 살펴보자. 아마도 그러는 편이 심리학적 이론이나 모델에서보다 도움을 얻을 수 있을 것이다.

열등감

직장 동료나 친구를 평가할 때 유별난 성격을 가진 사람에 대해 열등감 때문이라고 짚어 말할 때가 가끔 있다. 알프레트 아들러Alfred Adler가 개인 심리학Individualpsychologie에서 말한 '열등감'이라는 단어는 일반인에게도 잘 알려져 있다(Alfred Adler, Der Sinn des Lebens, Frankfurt 1980).

열등감을 가진 사람은 남보다 두드러지게 행동하는 경향이 있는데, 열등감을 숨기기 위해 일부러 오만불손하게 구는 것이 그 좋은 예이다. 그는 자신만만한 표정으로 목에 힘을 잔뜩 주고 사람들을 내려다본다. 하지만 이런 거드름은 곧 자신은 아무것도 내세울 것이 없고 오직 요구만 많은 초라한 존재임을 드러내는 표시일 뿐이다. 자신의 초라한 모습을 감추기 위해 그렇게 오만불손하게 행동하는 것이다. 돈을 물처럼 쓴다거나 다른 능력을 한껏 드러내 보임으로써 열등감을 감추려는 사람도 있다.

자캐오의 이야기는 열등감과 그것을 상쇄하려는 시도

에 대한 이야기이다(루카 19, 1-10). 세관장인 자캐오는 키가 작은 사람으로 소개되고 있다. 그는 자신을 작은 사람으로 느껴 큰 사람으로 만들 필요성을 느끼는 이를 상징한다. 자캐오는 가능한 많은 돈을 벌어들임으로써 자신의 열등감을 상쇄하려 한다. 세관장으로서 그는 무자비하게 돈을 거두어들이면서, 그 지방에서 제일가는 부자가 되면 사람들이 자신을 존중하고 높이 치켜 올릴 것이라고 여긴다. 하지만 그가 자신의 열등감을 돈으로 상쇄하려고 하면 할수록 사람들은 그를 멀리한다. 신심이 깊은 사람들은 그를 죄인으로 몰아세우기까지 한다. 그는 자신을 작다고 느끼는 사람들이 범하는 전형적 악순환의 쳇바퀴에 발을 올려놓고 만다.

열등감을 지닌 사람은 두드러진 행동으로 그것을 상쇄하려 든다. 가령, 자기 반에서 1등만 고집하는 학생이나 돈만 많이 벌어들이려는 가장이 그러하다. 남에게 인정받기 위해 자신의 능력이나 체험을 과장해 묘사하는 것이다. 하지만 자신의 가치나 천재성을 부풀릴수록 사람들로부터 더 심한 소외만 당할 뿐이다. 우리 역시 자기가 속한 공동체나 회사, 가족 안에 그처럼 행동하는 사람이 있다면 그를 피하려 들 것이다. 즉, 특별한 이유가 없어도 우리는 그런 모습에 거부감을 느끼는 것이다. 따라서 '자신을 내세우는 사람이 삶에서 더 많은 것을 성취한다'는 슬로건은 맞는 말이 아니다. 자신을 과시하며 내세움으로써 열등감을 상쇄하려는 사람은 주변 사람들에게 오히려 거부당하고, 결과적으로 삶은 더욱더 빈곤해진다.

예수님은 자캐오를 바라보고 그의 집에 가서 식사를 하심으로써 그의 열등감을 치유하신다. 그분은 자캐오를 심판하지도 비난하지도 않고 아무런 조건 없이 있는 그대로 받아들이신다. 아무런 조건도 없는 그 체험은 인색한 부자인 세관장을 변화시킨다. 그리고 그는 자기를 비난하고 심판하던 신심 깊은 사람들보다 더 많은 일을 한다. 그는 자신이 지닌 재산의 절반을 가난한 사람들에게 준다. 이제 그는 자신을 큰 사람으로 내세울 필요가 없어졌다. 그는 사람들과 함께하려고 노력하며 자신의 재산과 삶을 그들과 나눈다. 그리고 그는 사람들 속에서 자신이 사람임을 느낀다. 이제 그의 집에는 모든 세리와 죄인들이 함께 모여, 그들에게 인간에 대한 하느님의 친절과 자비를 알려 주시는 예수님과 식사를 한다.

알프레트 아들러에 의하면 열등감의 치유는 공동체 의식을 통해서만 가능하다. 루카는 이런 사실을 자캐오 이야기에서 정확하게 보여 주고 있다. 자기 자신의 가치는 자신에 대해 곰곰이 생각만 하거나 인정과 존중을 받기 위해 애씀으로써 느낄 수 있는 것이 아니다. 그것은 자신을 다른 사람들에게 내주고 그들과 삶을 나눔으로써 비로소 느낄 수 있다. 다른 사람들과 기쁘게 어울리는 것을 통해 나는 나의 가치를 느끼고 인간 공동체에 속한 일원임을 느낄 수 있다.

장애 의식

예수님은 사람들이 지붕을 벗겨 내고 당신 발 앞에 내

려놓은 중풍 병자를 치유하신다(마르 2, 1-12). 예수님은 그 병자의 장애가 외적 요인이 아닌 내적 요인에 의한 것임을 아셨다. 그래서 먼저 그의 죄를 용서하셨다. 중풍 병자는 육체가 일어나기 전에 내적 자세부터 바꿔야 했던 것이다.

자신의 가치를 충분히 느끼지 못하는 사람들은 자신에게 장애가 있다고 느끼는 경우가 많다. 그들은 특정 사람들이 자신을 가로막고 있다고 느낀다. 그래서 자기 밖으로 나올 수가 없다. 그들이 자기 의견을 말하기를 주저하는 것도 이 때문이다. 그들은 스스로에 대한 영향력을 다른 사람들에게 많이 양도했다고 여기기 때문에, 자기 주변이 온통 억압과 제지로 가득 차 있다고 느낀다. 그들은 자기가 속한 단체에서도 발언할 엄두를 내지 못한다. 괜히 변변치 못한 말을 했다가 사람들에게 웃음거리가 되지 않을까 염려해서이다.

장애가 있다고 느끼는 사람은 자기 자신과 함께 있지 않다. 그는 지속적으로 다른 사람들을 바라보고 그들이 자신을 어떻게 생각하는지에 관심을 쏟는다. 또 남들이 자기를 우습게 여기고 자기에 대해 나쁘게 말한다는 환상에 쉽게 빠진다. 그리고 그런 환상을 즉시 자신에게 적용한다. 결국 그런 행동들은 그를 통제 불능의 상태로 만든다.

한 여인은 자기가 성당에 들어서면 모두가 자신을 바라본다고 느낀다. 그녀는 당장 밖으로 뛰쳐나가 다른 사람들의 시선을 피하고 싶다. 그러나 사실은 아무도 그녀를 바라보지 않는다. 자신에 대한 확신이 부족한 사람은 주변에서 자신을 지속적으로 관찰하거나 자신에 대해 말하고 있다고 느낀다.

전철을 타고 가면서 옆에 앉은 젊은이들이 자신을 우스워하면서 흉을 보고 있다고 느끼는 사람도 있다. 그러나 사실 그 젊은이들은 자신들 사이에 있었던 우스운 일들을 이야기하고 있을 뿐이다. 자기 자신의 내면이 든든히 서 있지 않은 사람은 주변의 모든 일에 자신을 연결시킨다. 그런 사람은 다른 사람들이 늘 자신을 관찰하고 자신에 대해 말하며 자신을 아주 우습게 본다고 느낀다. 아무 이유

없이 자신을 괴롭힌다고 느끼는 사람도 있다.

　사제 수품 후 신학 박사 학위를 받고 다시 경영학 공부를 시작했을 때 나도 그런 기분을 느꼈다. '정말 내가 이 낯선 경영학을 공부할 수 있을까?' 그때의 나는 확신이 서지 않아 심리적으로 상당히 불안했다. 학교에 가려고 전차를 타기만 하면 괜히 신경이 곤두서면서 짜증이 났다. 다른 사람들이 나만 뚫어지게 쳐다보는 것 같았다. 내면의 뿌리가 든든하지 못했던 것이다. 그래서 강의 노트를 무릎에 펼쳐 놓고 거기에만 집중하면서 다른 사람들의 시선에 관심을 두지 않으려고 애썼고, 실제로 큰 도움이 되었다. 남들은 내게 전혀 신경을 쓰고 있지 않다고 나 자신에게 말하는 것은 그리 오래 도움이 되지 못했다. 차라리 배짱 있게 이렇게 말하는 것이 오히려 도움이 되었다. "그들이 나를 관찰하는 것은 그들의 문제일 뿐이다. 나는 나다." 그 말은 서서히 나를 다른 사람들로부터 독립적인 존재가 되도록 해주었다.

　언제나 남편의 감독을 받고 있는 것 같아 자신의 가치

를 느낄 수 없다고 호소하는 여성이 있었다. 나는 그녀에게 남편이 실제로 감독을 하는지, 아니면 남편과의 대화에서 그런 기분을 느끼는지 물었다. 그러자 그녀는 남편의 질문이 모두 자신에 대한 감독이나 비판으로 느껴진다고 했다. 남편에게 그런 거부감을 느끼는 것은 그녀가 자기 자신을 믿지 못하기 때문이었다. 그뿐 아니라, 그녀는 예전의 풍부하고 밝고 다사로운 감정들이 마비된 듯했고 남편이 자신을 진지하게 대하지도 않는 것 같다고 했다. 그러나 사실 그녀를 진지하게 대하지 않은 것은 바로 그녀 자신이었다. 그녀에게는 자신에 대한 믿음이 없었다. 자신을 존중하지 않기 때문에 다른 사람들도 자신의 가치를 알아주지 않는다고 느꼈던 것이다. 다른 사람들이 그녀를 진지하게 대하지 않는다고 느낀 것 역시 마찬가지였다.

부부가 서로 자신의 가치에 대해 충분히 느끼지 못하면 이성적인 대화가 어렵다. 부부는 서로 공격받고 있다고 느끼고, 즉시 방어 자세를 취하면서 자신의 정당성을 주장하려 한다. 그들은 사소한 비판도 견디지 못하고 자신의 정당성을 내세우기 위해 열띤 주장을 펼친다. 혹시 상대에게 지지나 않을까 두려운 나머지 끊임없이 서로를 할퀸다. 두 사람은 전과 다름없이 사랑하지만 도저히 치료가 불가능한 난장판, 끝이 없는 전쟁이 벌어진다.

예수님은 중풍 병자를 다음 말로 치유하신다. "내가 너에게 말한다. 일어나 들것을 들고 집으로 돌아가거라."(마르 2, 11) 그분은 이 한마디 명령으로 중풍 병자가 자기 생각에만 갇혀 있는 것을 멈추신다. 그리고 자신이 똑바로 걸을 수 있을지, 자기 자신과 함께 있는지 하는 의심도 멈추게 하신다. 머리만 아프게 하는 의심들은 그가 일어서는 데 방해만 될 뿐이기 때문이다.

언젠가 심리학자들을 위해 심층 심리학적 방법으로 성경을 해설하는 세미나를 개최한 적이 있다. 그때 예수님의 직접 대면식 치료법에 많은 학자들이 감동했다. 그들 중에는 심리학에서 중요 과제로 다루는 사항이 곧 다른 사람을 이해하는 것인데, 그것만으로는 부족하다면서 정면으로 대응하는 예수님의 방법이 매우 효과적인 것 같다는 견해를 밝힌 이도 있었다.

예수님은 병자가 지닌 환상을 정면으로 대면해 떨치게 하셨다. 그분은 병자가 자신의 참모습을 보지 않기 위해 피할 길을 모두 막아 버리셨다. 병자가 도망칠 핑계를 없애 버리셨다. 이제 그에게 남은 것은 오직 일어서는 일뿐이다. 그는 질병의 상징인 자신의 들것을 옆구리에 끼고 산책을 떠나야 했다.

우리는 자기를 억압하고 불안정하게 만드는 요소들을 모두 떨치려 한다. 자신의 마비된 부분에 짜증을 내며 기를 쓰고 일어서려 한다. 그러나 다른 사람들이 자신의 약점과 장애를 인식하지 않고 있다는 사실을 확신할 수 있어야 일어설 수 있다. 예수님은 우리에게 절름발이가 되었다며 주저앉아 있지 말고, 장애를 받아들여 옆구리에 끼고 가벼운 마음으로 산책을 떠나라고 하신다. 옆구리에 낀 들것은 우리가 여전히 불신과 장애 속에 있음을 떠올리게 한다. 그러나 우리는 자신이 거기에 얽매이는 것을 더 이상 허용하지 않는다. 더 이상 거기에 좌우되지 않으며 그 모든 장애와 더불어 살아간다.

타인과의 비교

요한 복음서 5장에 나오는 38년 동안이나 앓는 병자는 물이 출렁거릴 때 자기보다 다른 사람이 먼저 못 속에 들어가 버려 자기 병이 낫지 않는다고 여긴다. 다른 사람들 곁에는 못의 물이 출렁이기 시작하면 그들을 들어 못 속에 넣어 줄 사람들이 있었던 것이다. 비교는 흔히 자신의 가치를 충분히 느끼지 못할 때 하게 된다. 자신을 다른 사람과 끊임없이 비교하는 사람은 자기 자신의 가치와 삶을 독립적으로 인식하지 못한다. 그는 자신을 오직 타인과의 비교에 의해서만 정의한다. 그러면서 자신을 점점 더 부정적으로 바라본다. 세상에는 나보다 더 빠른 사람, 더 능력이 뛰어난 사람, 더 사랑스러운 사람, 더 나아 보이는 사람이 항상 존재하기 마련이다. 자신을 다른 사람과 비교하는 동안에는 나 자신으로 있지 못한다. 스스로를 느끼지 못하는 것이다.

즐겨 가는 여자들끼리의 모임에서 종종 불편함을 느끼는 여성이 있다. 그녀는 자신을 다른 사람과 비교했다. 다른 사람은 공부를 많이 했는데 그녀는 그렇지 못했다. 다른 사람들은 그녀보다 말을 더 잘했다. 그녀는 똑똑하게 말하지 못하는 자신을 다른 여자들이 어떻게 생각할지 염려했다. 그녀는 대화 도중 다른 사람들이 어떤 점에서 자신보다 말을 더 잘해서 자신을 어렵게 하는지 알아내려고 머리가 아프도록 골똘히 생각했다.

예수님은 그처럼 골똘히 생각하는 것을 중단시켜 비교하는 사람을 치유하신다. 그분은 먼저 그를 바라보고, 그저 바라봄으로써 그를 인정한다는 사실을 알리신다. 그리고 그의 상태를 파악하신 다음 질문을 던지신다.

"건강해지고 싶으냐?"(요한 5, 6)

예수님은 그가 자기 자신과 대면하도록, 자기 의지와 대면하도록 이끄신다. 그는 자신을 다른 사람과 비교하는 대신, 자신이 삶에서 진정으로 원하는 것이 무엇인지를 자문해야 한다. 예수님은 비교하는 자가 어떤 변명의 여지도 찾지 못하게 하신다. 다른 사람들이 무엇을 하고 무엇을 말하는지, 그들이 더 나은 존재이고 더 빠른 존재인지는 그다지 중요하지 않다. 그보다는 내가 나 자신의 삶을 어떻게 살아가기를 바라며, 나 자신을 스스로 책임지고 있는지가 더 중요하다. 병자가 다른 사람과 비교하는 것으로 예수님의 질문을 피해 가려고 하자, 예수님은 단도직입적으로 명령하신다.

"일어나 네 들것을 들고 걸어가거라."(요한 5, 8)

너는 일어날 수 있고 걸어갈 수 있다. 비교하지 말고 불평하지 말며 울지도 말라! 일어나라, 네 몸을 일으켜 세워라, 꼿꼿이 서라! 너는 갈 수 있다. 벌써 가고 있다.

겁쟁이

탈렌트의 비유 역시 다른 사람과의 비교를 다루고 있다. 이 비유에서 세 번째 종은 자신의 능력이 부족하다고 느낀다. 그런데 여기서는 자신의 가치를 느끼지 못하는 또 다른 측면, 즉 두려움을 언급하고 있다. 세 번째 종은 주인이 자신에게 준 탈렌트를 묻어 둔 것에 대해 용서를 청한다. "그런데 한 탈렌트를 받은 이는 나아가서 이렇게 말하였다. '주인님, 저는 주인님께서 모진 분이시어서, 심지 않은 데에서 거두시고 뿌리지 않은 데에서 모으신다는 것을 알고 있었습니다. 그래서 두려운 나머지 물러가서 주인님의 탈렌트를 땅에 숨겨 두었습니다. 보십시오, 주인님의 것을 도로 받으십시오.'"(마태 25, 24-25)

그 종은 주인에 대한 두려움 때문에 자신의 탈렌트를 땅에 묻고 삶을 건성으로 살아갔다. 그는 정산할 때 손실이 있을까, 투자한 것을 잃을까 두려웠다. 그 두려움 때문에 그는 확실하고 안전한 것을 찾았다. 그는 단 한 가지 실수도 하지 않으려 했다. 그는 정확한 수를 지키려 했다. 두려운 나머지 자신과 자신의 삶을 감시하고자 했다. 그는 땅을 파 탈렌트를 깊이 묻어 두고 감시했던 것이다.

그러나 삶의 기본 법칙이란 그와 달리, 모든 것을 감시하고 감독할수록 결국 자기 삶에 대한 통제력마저 잃게 된다. 삶의 기준을 두려움에 두는 사람은 분노를 지니게 되고 마침내 파탄에 이른다. 세 번째 종은 하느님 앞에서 두려움을 지녔다. 오늘날 많은 사람들이 '하느님은 두려운 분'이라는 끊임없는 설교 덕에 스스로의 가치를 느끼지 못하고 있다.

자신에 대한 표상은 하느님에 대한 표상과 깊이 연결되어 있다. 우리 내면의 표상 중에서 가장 강하고 전형적인 표상이 하느님에 대한 표상이다. 그것은 우리 자신에 대한 표상은 물론, 자기 자신을 체험하는 데에도 가장 큰 영향력을 지닌다. 어릴 때부터 하느님은 두려운 분이라는 교육을 받은 사람은 하느님 생각만 해도 두려움이 생겨나 어딘가에 숨으려 든다. 한 번의 잘못도 범하지 않기 위해 자기 자신을 통제하려 한다. 그것은 결국 파국으로 치달을 수밖에 없다. 그런 표상을 지닌 사람은 하느님 앞뿐 아니라, 자신을 위협하는 모든 것 앞에서 두려움을 갖기 때문이다. 그는 죽음을 두려워하고 실패를 두려워하며 사람들 앞에서 웃음거리가 될 것을 두려워한다.

하느님을 두려움을 불러일으키는 분으로 여기는 사람은 어떤 일도 성취할 수 없다는 사실을 예수님은 탈렌트의 비유를 통해서 우리에게 보여 주신다. 즉, 모든 것을 잃게 되는 것이다. 세 번째 종은 가진 것마저 빼앗긴다(마태 25, 28). 예수님은 두려움이 가져오는 결과를 알려 줌으로써 우리가 믿음의 길을 가도록, 과감하게 삶을 살도록, 때로는 위험을 무릅쓰고 앞으로 나아가도록 이끄신다. 여기서 예수님이 하시려는 말씀의 요지는 우리가 받은 탈렌트를 더 많이 불려야 한다는 사실이 아니다. 그분은 우리가 용기를 내어 자기 삶을 살아야 한다고 말씀하신다.

어렸을 때부터 하느님을 모든 것을 기록하고 무엇이든 당신 뜻대로 하시는, 엄격하게 벌을 내리는 심판자라고 배운 사람은 자기 자신의 가치를 존중할 줄 모른다. 내가 하는 일마다 낱낱이 기록하는 분 앞에서 나는 결코 나를 가치 있는 존재로 느낄 수 없다. 나는 언제나 심판을 받으며 벌을 받고 있다고 느낄 뿐이다. 현대를 살아가는 많은 기성세대가 어려서 하느님은 사람들이 기쁘게 일어나 삶을 살아가도록 이끄는 분이 아니라, 사람들을 억압하며 심판하는 분이라고 배웠다.

하느님은 인정사정없는 분이라는 표상을 지닌 사람은 자기 자신에 대해서도 항상 절망적으로 생각한다. 벌을 주는 하느님의 표상은 자주 양심에 부담을 주어 자기 자신을 괴롭히고 벌하며 평가 절하한다. 무자비한 하느님이라는 표상은 비참한 처지로 전락한 양심에 파괴적 힘을 발휘한다. 상황이 그 지경이 되면 사람은 자기 자신에 대해 속수무책이 된다. 하느님에 대한 두려움은 곧 자신에 대한 두려움, 영혼의 상실에 대한 두려움을 불러일으킨다. 그는 자신의 깊은 속을 들여다볼 엄두를 내지 못하고 있는 그대로의 자신을 인정할 만큼 자기 확신도 없다.

하느님에 대한 잘못된 표상에 의한 상처는 남자와 여자가 매우 다르다. 남자들은 자신의 가치를 느끼면서 겸손한 자에게 상을 주시는 하느님의 표상에 크게 영향을 받는다. 하느님 앞에서 그들은 오직 받는 존재일 뿐, 그분과 함께 창조 사업에 동참하는 존재일 수 없다. 자신은 항상 죄인이며 자신의 능력은 구더기가 들끓는 쓰레기일 뿐이다. 다분히 남성적인 하느님의 표상에, 그리고 은연중에 여성의 가치를 비하하는 일방적 신학에 여자들은 상처를 받았다. 가톨릭교회에서 여성에게 사제직을 허용하지 않는 것에서도 여성들은 자신들의 가치가 멸시당하는 듯한 인상을 받는다. 그런가 하면 경건주의자들은 종종 여성들이 여성으로서의 매력을 완전히 없애고 중성으로 등장해야 한다는 인상을 풍겼다. 이런 환경에서 여성이 자신을 가치 있는 존재로 체험하기란 어려운 일이다. 자기 자신의 가치에 대한 건강한 느낌을 발전시켜 나가기란 더더욱 어렵다.

곱사등이

깊은 신심이 나쁘게 작용하면 우리를 잘못된 겸손의 개념으로 몰아갈 수 있다. 적지 않은 사람들이 겸손이란 자신을 아래로 끌어내리는 것, 자신의 가치를 떨어뜨리는 것, 자신을 파괴하는 것으로 이해하고 있다. 우리는 하느님이 우리에게 주신 좋은 것으로 우쭐대지 말아야 한다. 자기 안에 있는 것에 대해 우쭐거릴 때 사람들은 하느님 앞에서 교만한 자세를 취한다고 여긴다. 예수님은 이 문제를 다음과 같이 말씀하신다. "누구든지 자신을 높이는 이는 낮아지고 자신을 낮추는 이는 높아질 것이다."(루카 14, 11)

이는 자신의 실제 모습, 즉 자기 영혼의 어둠 속으로 내려갈 수 있는 용기를 가진 사람은 하느님을 향해 올라갈 수 있다는 의미이다. 땅에 밀착해 있는 자신의 진면목을 받아들일 용기가 있는 사람은 하느님이 어떤 분인지 이해하고 그분 곁으로 다가갈 수 있다('겸손humilitas'이란 말은 '땅humus'에서 유래한다).

이렇게 볼 때 겸손에는 현대적인 요소가 참 많다. 겸손은 하느님을 만나기 위해 자신의 실제 모습, 자기 그림자 안으로 내려가는 용기를 의미한다. 그러나 우리는 자주 겸손을 잘못 이해해 마치 곱사등이처럼 등을 굽혀 우리 자신을 작은 자로 만들며 스스로를 낮게 평가한다. 게다가 자신에게는 어떤 믿음도 둘 수 없으며 살아 있는 것 자체에 대해 용서를 청해야 한다고 생각한다. 이처럼 잘못 이해한 겸손은 복음 역시 제대로 파악하지 못한 채, 많은 그리스도인들이 자기 가치를 낮게 평가하도록, 곱사등이처럼 자세를 낮추도록, 자신 안에 있는 모든 장점들을 교만의 근원으로 여기도록 한다. 결국 사람 안에 현존하는 하느님의 영광을 부정하도록 오도해 왔다.

겸손에 대한 잘못된 개념은 사람을 굴절시킨다. 예수님은 굽은 사람, 뒤틀린 사람이 아니라, 허리를 꼿꼿이 세운 건강한 사람을 원하신다. 루카는 곱사등이 부인을 치유한 유명한 이야기에서 이런 사실을 언급하고 있다(루카 13, 10-17). "마침 그곳에 열여덟 해 동안이나 병마에 시달리는 여자가 있었다. 그는 허리가 굽어 몸을 조금도 펼 수가 없었다."(루카 13, 11)

굽은 허리는 그녀가 자신의 가치를 느낄 수 없음을 의

미한다. 그녀는 허리를 펴고 당당하게 살지 못하고 있다. 그녀는 자신의 품위를 회복하지 못하고 삶의 무게에 짓눌린다. 다른 사람이 그녀를 짓누르는 바람에 그녀는 저항도 못한 채 눌린 상태로 고통 속에 있는지도 모른다. 아니면 누군가가 그녀의 허리를 못 쓰게 만들어 놓았을 수도 있고, 자기 안의 온갖 억압된 감정을 그녀 스스로 허리에 올려놓았을 수도 있다. 그녀는 자기 안의 그런 감정들을 견디어 내느라 몹시 힘겨워한다.

예수님은 그녀를 바라보고 당신에게로 부르신다. 그리고 그녀 안에서 발견한 온갖 장점을 있는 그대로 인정하며 그녀를 일으켜 세우신다. 그리고 애정 어린 손길로 조심스레 그녀를 어루만지신다. 그분은 단순히 머리를 들어 올리라고 말씀하지 않으시고, 그녀에게 손을 얹어 그녀 스스로 내재된 힘과 품위를 만나게 하신다. 예수님의 사랑을 체험한 그녀는 당장 일어나 하느님을 찬양한다. 이제 그녀는 자신이 지닌, 아무도 침범할 수 없는 자기 자신(여인)으로서의 가치를 자각하고 회당 한가운데서 하느님을 찬양한다. 예수님은 사람이 꼿꼿이 일어서기를 원하신다. 그러나 그렇지 못한 처지에 있는 회당장은 엄격한 규칙을 앞세우며 사람들이 그 무게에 짓눌려 허리를 구부리기를 원한다.

예수님은 그 여인을 안식일에, 그것도 전례 중에 회당에서 일으켜 세우신다. 이 행동은 우리가 드리는 전례를 예수님이 어떻게 이해하고 계신지 보여 준다. 전례 중 사람들에게 무거운 짐을 지운다면, 사람들이 양심의 가책을 느끼도록 유도한다면, 사람들이 스스로를 죄인으로 느끼며 하느님 앞에 몸을 굽히고 자신을 하찮게 여기도록 한다면, 우리는 예수님의 이름으로 전례를 행하고 있는 것이 아니다. 몸을 일으켜 세워 하느님이 우리 안에 주신 그 누구도 침범할 수 없는 신적 가치를 발견할 때, 우리는 예수님의 의도에 따른 전례를 거행하고 있는 것이다. 우리에게 신적 품위를 선사하신 하느님의 기쁜 소식은 사람을 일으켜 세우고 사람이 자신의 가치를 확인하게 한다.

나는 가끔 피정 지도 중에 사람들을 똑바로 서게 하고

하늘과 땅이 우리 안에서 서로 연결되는 것을 느끼도록 제안한다. 그리고 머리를 숙인 다음, 어깨도 축 늘어뜨리게 한다. 이 자세는 숨길을 막아 고통스럽다. 그렇게 몸을 구부린 자세로 방 안을 걸어 다니게 한다. 그 자세로는 오직 바닥과 자기 발만 볼 수 있다. 얼굴은 점점 어두워지고 분위기도 점점 가라앉는다. 그런 상황에서 나는 어느 한 사람의 등을 만짐으로써 그의 자세가 바로 펴지게 한다. 내가 손으로 그의 등을 충분히 안마하면 그는 자기 힘으로 서서히 몸을 펴고 바로 선다. 내가 안마를 해줌으로써 그가 자신의 품위를 무시하지 않고 자신의 힘과 만나도록 한 것이다.

나는 곱사등이 여인의 치유가 그리스도인들을 위한 표상이라고 생각한다. 만약 우리가 그 누구도 침범할 수 없는 내면의 가치를 인식한다면 우리는 그리스도의 제자들이다. 만약 우리가 허리를 꼿꼿이 펴고 이 세상을 살아간다면 우리는 그리스도의 부활을 믿는 사람들이다. 우리는 여러 가지 걱정거리며 수고와 더불어 일상을 살아가는 현실 이상의 존재들이다. 우리는 하느님의 아들딸들이다. 우리는 전례 중 똑바로 선 행렬이나 두 팔을 펼쳐 든 찬미하는 동작을 통해 하느님의 자녀라는 우리의 품위를 표현한다. 우리 자신의 가치는 우리가 성취하는 업적이 아니라, 하느님께서 우리 안에 선사하신 품위에 연결된다. 예수님은 우리를 죄인으로 취급하지 않으신다. 하느님의 신적 삶에 동참하는 하느님의 아들딸로 보실 뿐이다.

그러므로 죄에 대한 생각에만 머무는 것은 예수님의 정신에 어긋나는 일이다. 그런데도 교회에서 행하는 전례나 행사, 단체 등에서는 사람을 나쁜 존재로 규정하고 하느님의 자비에 우리 자신을 온전히 맡겨야 한다고 강조하는 경우가 더러 있다. 그들은 자기 자신의 가치에 대한 느낌은 모두 불순하다고 여긴다. 따라서 죄를 용서해 주시는 하느님의 자비에 감사드리기 위해 인간은 먼저 자신이 가치 있는 존재라는 생각을 버려야 한다고 그들은 말한다.

물론 우리는 모두 어떤 면에서는 하느님 앞에서 죄인이다. 그러나 하느님은 우리를 받아들이셨고 우리는 그분

앞에 있는 그대로 존재한다. 예수님은 그분께서 아무런 조건 없이 우리를 받아들이신다고 선포하셨다. 그 기쁜 소식은 우리를 일으켜 세운다.

가톨릭교회는 곱사등이 여인이 힘을 내 일어난 것을 하나의 고유한 축제로 지낸다. 그것이 곧 원죄 없이 잉태되신 복되신 동정 마리아 축제이다. 마리아 안에서 우리는 자신의 구원을 기념한다. 이 축제는 우리 안에 죄로 물들 수 없는 부분이 있음을 알려 준다. 우리 안, 그리스도가 계신 곳에는 죄가 들어올 수 없기에 죄를 지을 기회도 없다. 그곳에서 우리는 죄에 전혀 물들지 않은 참된 나 자신과 만날 수 있다. 이 축제는 우리 모두를 위한 것이라는 사실을 에페소 신자들에게 보낸 서간은 말해 준다. "세상 창조 이전에 그리스도 안에서 우리를 선택하시어, 우리가 당신 앞에서 거룩하고 흠 없는 사람이 되게 해주셨습니다. 사랑으로 예수 그리스도를 통하여 우리를 당신의 자녀로 삼으시기로 미리 정하셨습니다. 이는 하느님의 그 좋으신 뜻에 따라 이루어진 것입니다. 그리하여 사랑하시

는 아드님 안에서 우리에게 베푸신 그 은총의 영광을 찬양하게 하셨습니다."(에페 1, 4-6)

예수님은 우리에게 죄인이라는 말부터 먼저 하지 않으신다. 그 대신 우리가 하느님의 아들딸들이며 하느님은 우리 안에 거주하시기 위해 우리를 선택해 은총과 사랑, 친절로 보살피신다고 말씀하신다(요한 14, 23; 에페 1, 7 이하 참조). 초기 그리스도인들은 하느님이 당신 아들의 부활로 자신들을 일으켜 세우시고, 당신의 신적 지위를 자신들에게 부여하신 데 대해 늘 감사드렸다. 즉, 굽혀지고 낮추어진 사람이 아니라, 일으켜 세워지고 바로 선 그리스도인으로서 그들은 인간이 되어 오신 예수 그리스도의 죽음과 부활을 통해 하느님이 우리에게 무엇을 선사하셨는지 올바로 이해한 것이다.

안주하는 자

성경은 자신의 가치를 느끼지 못하는 또 다른 예를 손

이 오그라든 사람의 치유 이야기에서 보여 준다. 그는 현실에 안주한 채, 어떠한 새로운 시도도 하지 않고 가만히 있는 사람을 대표한다. 우리는 손으로 서로 다정하게 어루만진다. 손으로 물건을 움켜쥐기도 하고 무엇을 만들기도 하며 창조적인 작업도 한다. 성경에 나오는 이 사람(마르 3, 1-6)은 손이 오그라들었다. 그는 어떤 모험도 감행하려 들지 않는다.

자신의 가치를 충분히 느끼지 못하는 사람들 대다수가 자기 의견을 신뢰하지 못한다. 그들은 의견을 내기보다는 현실에 안주하려 든다. 그들은 사람들과의 대화에서도 어떤 의견이 지배적인지 살핀 다음 거기에 따르는 입장을 취한다. 또 그들은 다른 사람이 어떤 요청을 해와도 '못한다'라고 말할 엄두를 내지 못한다. 그들은 모든 사람들로부터 인정받고자 한다. 그러나 그것은 도리어 그들을 아무런 색깔도 지니지 못한 사람으로 만든다. 결국 그들은 진정한 사귐이 불가능해진다. 모든 것에 어울리는 좋은 사람이 되려다 삶에서 실질적인 부분을 잃고 만다.

안주하는 태도의 근본 원인은 자신의 가치를 다른 사람의 인정이나 관심에만 의존하는 데 있다. 이런 처지의 사람들은 다른 사람들이 자기를 인정하고 수용하도록 끊임없이 노력한다. 그들은 어린 시절에 있는 그대로의 자신이 받아들여진 적이 없으며 언제나 고분고분하거나 착하게 행동했을 때만 비로소 인정받았기에 성장해서도 그처럼 행동하려 애쓰는 것이다.

이처럼 다른 사람으로부터 조건 없이 인정받거나 수용되는 체험을 해보지 못한 사람은 살아남기 위한 전략을 개발한다. 즉, 어떤 일을 성취해 내거나 말썽을 부리지 않고 순응하는 전략이다. 그러나 이는 살아가는 것이 아니라 단순한 생존에 지나지 않는다(Karl Frielingsdorf, Vom Überleben zum Leben, Mainz 1989).

그런 사람은 다른 사람들이 자신을 받아들일 것인가 그렇지 않을 것인가에 지속적으로 관심을 가지면서 늘 긴장된 삶을 살아간다. 그들은 자신을 인정하고 받아들이지 못하기 때문에 다른 사람들에게 인정받고 수용되기 위해 언제나 노심초사한다. 그리고 그들은 거절당할까 봐 늘 걱정한다. 그들은 눈에 보이는 것은 모두 자신과 관련지으며 다른 사람이 자신에 대해 말하고 웃는다고 생각한다. 그들 스스로 자신을 받아들이지 못하기 때문에 다른 사람들도 받아들이지 않을 것이라고 믿는다. 그러나 사실 그들도 다른 사람들로부터 한 번쯤은 수용되기를, 가치 있는 존재로 여겨지기를 바라는 깊은 갈망을 지니고 있다.

다른 사람들에게 인정받기 위해 끊임없이 바깥만 내다보는 삶은 실제 삶을 아래로 끌어내린다. 그런 사람은 언제나 다른 사람의 마음에 들기 위해 자신을 그 사람의 생각에 맞추려 한다. 다른 사람이 자신을 비웃을지도 모른다는 두려움 때문에 자신의 의견을 말할 용기도 내지 못한다.

예수님은 현실에 안주하는 사람을 다음 말로 치유하신다. "일어나 가운데로 나와라."(마르 3, 3) 그는 더 이상 사람들 속에 자신을 숨길 수 없다. 모든 사람들 앞에 자신의 참모습을 내보여야 한다. 그는 자기 자신으로 서 있어야 한다. 이제 그의 모든 면면이 자세히 검열을 받는다. 바리사이들은 예수님이 안식일에 그를 치유해 계명을 어기는지 눈여겨보고 있다. 예수님은 그런 것에 아랑곳하지 않고 자신이 옳다고 여기시는 대로 행하신다. 하느님은 계명의 준수보다는 사람을 더 중히 여기신다는 자신의 믿음을 행동으로 보여 주신다. 예수님은 자기 자신의 가치는 느끼지 못한 채, 자기들이 공동 가치로 정한 규칙 뒤로 숨는 바리사이들 한 사람 한 사람을 분노하며 바라보신다. 바리사이들의 경직된 마음에 분노로 투쟁하신다. 그분은 그들로부터 거리를 유지한 채, 당신이 옳다고 여기는 것을 행하신다. 그러나 슬픔 속에서 그들 한 사람 한 사람을 당신 품에 초대해 이해하시고 그 경직된 자세와 결핍된 삶에 연민을 느끼신다.

  예수님은 당신의 가치에 대해 확신을 지니고 계시다. 그분은 자신이 하려는 바가 무엇인지 정확히 알고 계신다. 모두가 반대한다 해도 예수님은 그것을 무릅쓰고 실행하신다. 그분은 다른 사람들의 마음에 들기 위해 애쓰

필요를 느끼지 않으신다. 그분은 하느님이 원하신다고 여기는 것, 즉 인간에게 올바르고 유익한 일을 행할 뿐이다.

오만불손한 자

자기 가치를 확신하지 못하는 사람은 종종 오만불손으로 무장한다. 그런 사람은 자신이 다른 사람들보다 낫다고 여기며 자신을 들어 높이기 위해 다른 사람의 가치를 아래로 끌어내린다. 그는 확신과 믿음에 찬 듯 행동하지만 겉치레일 뿐이다. 그리고 자신의 실제 모습에는 눈을 감고 있다. 자신의 잘못을 인식하지 못한 그는 자신을 흠 없는 존재로 여기며 착각 속에 산다. 그런 사람은 자신의 장점이나 업적을 내세운다. 그리고 사람들 앞에 나서기를 좋아한다.

게다가 많은 사람들이 그런 행동에 감동을 받는다. 그러나 통찰력을 지니고 깨어 있는 사람은 그들이 연단 위로 뛰어오를 때마다 오히려 불쾌감을 느낀다. 성경의 눈먼 사람은 곧 그런 사람들을 대표한다. 눈먼 사람은 자신의 실제를 보려 하지 않는다. 실제 모습이 불만스럽고 자기가 생각하는 품위와 일치하지 않기 때문이다. 그래서 자신을 매우 높은 존재로 여기며, 그 상상의 세계에 머물기 위해 실제 모습에는 눈을 감고 있는 것이다.

예수님은 태어나면서부터 자기 모습을 못 본 눈먼 사람을 당신의 침으로 진흙을 개어 그의 눈에 발라 줌으로써 치유하신다(요한 9, 6). 예수님 덕분에 그는 땅, 즉 흙과 대면한다. 예수님은 그의 오만불손을 겸손으로 치유하셨다. 이처럼 땅과 밀착된, 구체적 인간성을 띤 존재라는 사실을 인정하고, 흙에서 만들어져 마침내 흙으로 다시 돌아간다는 사실을 받아들이기 위해서는 용기가 필요하다.

그리고 예수님이 그의 눈에 바른 지저분한 진흙은 '네 안에 들어 있는 지저분함을 인식하고 그것과 화해할 준비가 되어 있다면 너는 비로소 볼 것이다'라는 의미를 지닌다. 예수님은 그의 귀에 직접 진실을 불어넣지는 않으신다. 그저 침으로 갠 진흙 반죽만 그의 눈에 정성스레 발라

주실 뿐이다. 침에는 어머니의 자상함이 들어 있다. 예수님의 그 자상함으로 그는 눈을 뜨고 자신의 실제 모습을 보게 된다.

겸손(Humilitas 또는 Demut)은 교만(Hybris 또는 Hochmut)을 치유한다. 겸손은 땅(Humus 또는 Erde)과 연결되며 유머 Humor와도 연관성을 지닌다. 자신을 받아들이기 위해서는 유머 감각이 필요하다. 오만불손한 사람은 대부분 유머 감각이 없다. 그런 사람은 다른 사람들에 의해 아래로 끌어내려지기 십상이다. 예수님은 눈먼 사람을 유머로 가득 찬 자세로 대하시며, 그가 자신의 인간성과 화해하고 유머 감각을 발휘해 자신을 받아들이도록 하신다.

이상의 이야기들을 통해 성경은 우리에게 자기 가치를 제대로 느끼지 못하는 것에 대해 알려 준다. 치유 이야기 속의 병자들은 자신의 가치를 느끼지 못하고 있다. 사람들 앞에 나서지 못하는 나병 환자는 스스로 자신을 받아들이지 못하므로 다른 사람들 역시 자기를 거부하거나 소외시킬 것이라고 생각한다(마르 1, 40-45). 하혈하는 여인은 다른 사람의 보살핌을 얻기 위해 많은 돈을 지불했으나 상태는 더 나빠져 출혈이 계속되었고 쇠약해져만 갔다(마르 5, 25-34). 야이로의 딸은 삶에 대해 통 자신이 없다. 그녀는 어른이 될 용기가 없고 부모를 떠나 자립해 살아갈 엄두가 나지 않는다(마르 5, 21-24.35-43). 귀먹고 말 더듬는 이는 다른 사람들이 자기 말을 거부하거나 우습게 여길까 두려워 입을 다문다. 그는 자신에 대한 부정적인 말을 듣게 될까 두려워하며 귀를 막고 있다(마르 7, 31-37). 또 한 아이는 자기를 믿어 주지 않는 아버지 때문에 감정을 표출하지 못하고 스스로의 공격성에 이리저리 시달리다가 악령에 사로잡혀 있었다(마르 9, 14-29). 나인 출신의 젊은이는 자신의 삶을 기꺼이 살아가고자 하나 그럴 수가 없다(루카 7, 11-17).

이 모든 사람들이 예수님을 만나 있는 그대로의 자기 모습으로 존재할 용기를 얻는다. 즉, 자신을 받아들이고 일으켜 세울 수 있는, 자기만의 참된 가치를 발견할 용기를 품게 된 것이다. 예수님은 그들을 다정하게 바라보거나, 깊은 애정의 손길로 어루만지거나, 그들에게 말을 건네어, 그들 스스로 자신이 가치 있고 유일한 존재라는 사실을 깨닫게 하신다. 그와 같은 예수님의 행위는 우리가 서로를 도울 수 있고 스스로의 가치를 발견할 수 있으며 그분을 믿을 수 있는 길을 제시한다.

3. 자신의 가치에 대해 건전한 느낌을 갖는 길

자신의 가치에 대한 건전한 느낌을 찾아내는 길은 다양하다. 오늘날에는 수없이 많은 책들이 삶을 올바르게 살아가는 심리학적 길을 제시한다. 성경 역시 올바른 삶을 살기 위한 길을 소개하고 있다. 사람들이 자신의 가치에 대해 건전한 느낌을 갖도록 도와주시는 예수님의 고유한 방법을 우리는 성경에서 발견할 수 있다. 그중 내게 의미 있게 다가오는 몇 가지를 간단히 살펴보고자 한다. 거기에는 심리·영성적 측면을 연결하는 요소들도 담겨 있다.

자신을 있는 그대로 받아들임

여기서 우리의 주요 관심사는 확신을 가지고 겉으로 자기 자신을 드러내는 일이 아니다. 그보다는 우리가 지닌, 누구도 침범할 수 없는 고유한 가치를 인식하고 자신이 유일무이한 존재임을 인정하는 것이다. 자기 자신을 받아들여야 한다는 사실은 오늘날 여러 경로를 통해 권장되며, 우리도 이미 오래 전부터 알고 있다. 문제는 어떻게 하면 그렇게 할 수 있느냐인 것이다.

무엇보다 먼저 우리는 스스로 만든 자기 자신에 대한 환상에서 벗어나야 한다. 즉, 자신이 세상에서 가장 위대하고 아름다운 인간이라는 긴긴 꿈에서 깨어나야 한다. 자신을 받아들인다는 것은 겸손과 자신의 인간성을 있는 그대로 인정하는 용기와 관련이 있다.

많은 사람들이 자신의 가치를 느끼지 못해 어려움을 겪는 이들에게 스스로의 강한 면을 바라보라고 충고한다. 물론 올바른 충고일 수 있다. 그러나 그 조언에 강한 사람들만 가치 있다는 의미가 포함되어 있다면 다음 단계의 조언은 더 이상 없다. 정작 중요한 사실은 자기 안의 모든 것, 즉 강점뿐 아니라 약점까지도 있는 그대로 받아들이는 것이다. 자신의 약한 부분마저 있는 그대로 인정하고 받아들이며, 그것을 유머 감각을 지니고 바라볼 수 있는 사람만이 자신의 가치에 대해 건전한 느낌을 가질 수 있다.

그러나 자기 안에 존재하는 모든 것을 받아들이고 화해하는 데는 오랜 시일이 걸리기 마련이다. 다른 사람과 더불어 살수록 우리는 자신의 어두운 측면과 미처 채우지 못한 갈망, 억압된 감정들을 발견한다. 신앙을 바탕으로 결혼 생활을 영위해 나가고자 했던 한 부부가 각자의 부정적 측면들로 인해 싸우기 시작하더니, 반년도 지나지 않아 관계가 엉망진창이 되고 말았다. 그들이 의지했던 신앙이란 단지 자기 자신의 실제 모습에서 도망치는 통로였던 것이다. 그들은 먼저 자기 안에 들어 있는 어두운 측면, 즉 다른 사람에게 상처를 주거나 되갚아 주려는 악의를 겸손한 마음으로 인정하고 수용해야 한다. 우리는 이미 그렇게 했다고 결코 말할 수 없다. 그것은 일생에 걸쳐 작업해야 하는, 즉 기나긴 여정을 필요로 하는 일이기 때문이다. 우리는 항상 자기 안에서 자신을 실망시키며 불편하게 만드는 요소들을 발견하지 않았던가.

나이가 들수록 나 자신을 받아들이는 문제에 대해 목소리를 낮추게 된다. 수도회에 입회하면서, 나는 기도와 자기 수련Askese을 통해 내 안의 모든 부정적 요소들을 극복할 수 있으리라고 여겼다. 그러나 그런 요소들은 여지없이 내 안에서 그 존재성을 알려 왔다. 결국 나는 애초의 환상을 포기했다. 이제는 겸손하게 있는 그대로의 내 모습을 받아들이려고 노력한다. 그리고 그런 나를 하느님께서도 받아 주시리라 믿는다. 나는 스스로의 미숙한 행동에 짜증이 날 때 이렇게 말한다. "나는 이 정도 수준이었어. 그러니 그런 일이 생길 수도 있지. 그래도 상관없어." 그러면 나는 실망 중에도 내적 평화와 평정을 찾을 수 있다. 모든 것이 있는 그대로 좋으며, 그대로 존재해도 된다는 사실을 감지한다. 그리고 나를 사랑하시는 하느님의 손 안에 있음을 느낀다.

　자기 자신을 받아들인다는 것은 자신이 살아온 삶의 여정과 화해한다는 의미이다. 많은 사람들이 자기가 상처투성이 어린 시절을 보냈다며 불평한다. 상처가 심한 사람을 상담하며 그 상처를 들여다보는 작업은 대개의 경우 서로 매우 고통스럽다. 그중에는 상처를 모두 소화해야만 한다며 힘들어하는 사람들도 있다. 그들에게 나는 자기 삶의 역사가 일종의 재산으로서 그들의 성장에 큰 도움을 준다는 사실을 이해시키려고 애쓴다. 그들이 자신의 상처와 화해하면 상처는 삶의 원천이 될 수 있다. 즉, 그들은 상처에 힘입어 다른 사람을 이해하고 도울 수 있다. 자기 삶의 역사에 숨겨진 카리스마를 찾아낸 사람은 자신의 고유한 임무나 성소도 발견한다. 또한 자기 삶의 역사와 완전한 화해를 이룬 사람은 모든 일이 각기 의미를 지니고 있다는 사실을 알게 된다. 어려움이라고 해서 의미가 없는 것이 아니다. 어려움은 그것을 겪는 사람으로 하여금 다르게 살아갈 수 있는 능력을 갖도록 한다. 즉, 더 민감하게, 더 적극적으로, 더 감사하는 마음으로 다른 사람들에게 열린 자세로 살아가게 한다. 상처는 내가 그것과 화해를 하자마자 곧장 나와 다른 사람들을 위한 축복의 샘이 된다.

한편, 자신을 있는 그대로 받아들이기 위해서는 다른 사람과 자신을 비교하는 짓을 그만두어야 한다. 나를 다른 사람과 비교하는 동안 나는 항상 뒤처져 있기 마련이다. 다른 사람들은 지니고 있지만 내게는 없는 장점이 반드시 존재한다. 나를 다른 사람과 비교하는 동안 나는 자신과 함께 있지 못하고 언제나 다른 사람들과의 비교 속에서 살게 된다.

문제의 관건은 내가 나 자신과 함께 있는 것, 나를 받아들이는 것, 나를 좋아하는 것이다. 만약 어떤 사람이 자신의 가치를 충분히 느끼지 못한다면 그는 원하든 원하지 않든 자신을 다른 사람과 비교하게 된다.

자신을 다른 사람과 비교해서는 안 된다는 사실을 오래전부터 잘 알고 있는 어떤 여인이 있었다. 그런데 그녀는 어느 모임에 들어가자마자 자신을 다른 사람과 비교하고 말았다. 이때 그녀가 내면을 튼튼히 하기 위해 자신의 강점들을 보려고 해도 별로 도움이 되지 못한다. 그녀의 비교하는 태도가 여전하기 때문이다. 이와 반대로, 다른 사람의 면모를 모두 가치 없다거나 실제가 아니라고 평가하는 것 역시 아무 도움도 되지 않는다. 그것은 나를 드높이기 위해 다른 사람을 아래로 끌어내리는 것으로, 적당한 대상만 나타나면 다시 비교하기 시작한다. 이런 때는 늘 비교만 하는 머리에서 따뜻한 감정을 느끼는 가슴으로 의식을 내려오게 하는 작업이 도움이 된다.

드디어 그 여인이 비교에서 벗어날 수 있는 길을 발견했다. 그녀는 자신의 호흡을 의식하며 자기 손을 느끼고 자신과 함께 있으려고 노력했다. 그 결과, 그녀는 편안하게 자신이 원하는 바를 말할 수 있었다. 이어서 그녀는 다른 사람들의 마음에 드는 행동을 해야 한다는 강박 관념에서도 자유로워졌다. 자신을 다른 사람과 비교하는 동안 그녀는 마음이 편치 못했다. 다른 사람들이 그녀의 기분을 좌우했기 때문이다. 이제 그녀는 자신과 함께 있으면서 자신을 느낄 수 있을 뿐 아니라 다른 사람들도 느낄 수 있다. 게다가 자신이 그들과 한 공동체라는 점도 느낄 수 있게 되었다.

자신과 함께 있음

자신에 대해 믿음을 갖는다는 것은 자기 자신과 함께 있고, 자기 자신 안에 있으며, 그 옆에서 편안함을 느끼고 다른 사람들로부터 독립해 있다는 의미이다. 많은 사람들이 다른 사람들로 하여금 자신에게 막강한 영향력을 행사하도록 허용함으로써 자신의 가치를 느끼지 못한다. 그들은 자기 자신과 함께 있는 것이 아니라 언제나 다른 사람 곁에 있다. 자기 자신 안에서 평화롭게 살아가는 것이 아니라, 언제나 다른 사람에게 자신을 내맡긴다. 다른 사람이 자기를 좋아하는지, 칭찬하는지, 옳다고 인정하는지에만 온통 관심이 쏠린다. 그들은 자기 자신으로 홀로 서지 못하고 자신의 영역을 구분하지 못한다. 그래서 모든 것을 자신과 연결하며 다른 사람들로부터 오는 사소한 비판에도 큰 상처를 입는다.

나는 이런 사람들에게 자신의 분노를 허용하라고 조언한다. 분노는 자신을 다른 사람과 구분 짓게 한다. 분노는 다른 사람들과의 거리를 유지하게 해주어 내가 나 자신 곁에 있도록 자극한다. 나를 다치게 한 사람을 나로부터 멀리 쫓아낼 필요도 있다. 다른 사람이 나를 소유하는 동안에는 내가 나 자신과 함께 있을 수 없다. 따라서 나 자신의 가치를 느끼기도 힘들다. 그러면 결국 나 스스로가 아니라 다른 사람이 내 삶을 살아가는 것이나 마찬가지다.

자기 자신과 함께 있는 모습은 다양하게 나타난다. 내가 나 자신을 위한 느낌을 가지고 있을 때, 나 자신의 감정을 신뢰할 때, 내 안에서 휴식할 때 나는 나 자신과 함께 있다. 내가 다른 사람들의 기분에 좌우되지 않고 나의 감정과 연결되어 있을 때 나는 나 자신과 함께 있다. 나 자신을 내 육체 안에서 느낄 때 나는 나 자신과 함께 있다. 가령, 내가 숲에서 조깅을 하며 땀을 흘릴 때 나는 나 자신과 함께 있다. 내 육체 안에 있는 것이다. 나는 육체를 느끼고 기분 좋음을 느낀다. 그런 상태에서는 나 자신의 가치에 대한 의심이 전혀 일지 않는다. 내가 나 자신을 느끼기 때문이다.

나 자신의 가치는 외적 성취를 통해 증명될 필요도 없다. 나 스스로 나를 느끼는 것은 내게 좋은 영향을 준다. 내가 느끼는 것과 똑같이 느끼는 사람은 없다. 나는 유일한 존재이다. 나는 나 자신이다. 이는 지식이 아니라 체험이고, 자신의 가치를 느끼게 하는 원동력이다. 많은 사람들이 자기 문제의 원인을 다른 사람에게서 찾으려 하는데, 사실 그들은 자기 자신과 함께 있는 법을 익혀야 한다. 자신의 근본 바탕을 찾고 자기 자신을 위한 감각을 개발하며 자신의 감정과 육체를 느끼는 법을 배워야 한다.

자신의 육체를 통한 길

우리는 자기 육체를 통해 자신에게로 다가가고, 자신 안에 머물 수 있다. 1970년대에 나는 몇몇 동료 수도자들과 함께 그라프 뒤르크하임Graf Dürckheim의 별장을 종종 방문했다. 뒤르크하임 덕분에 우리는 자기 자신을 육체 안에서 느낄 줄 알게 되었다. 자신을 신뢰하는 길로서 육체를 느끼는 동시에, 하느님을 향해 완전히 개방된 자세를 취하며 그것을 우리 안에 습관화하는 법을 배웠다. 뒤르크하임에게 육체는 인간 성숙에 필요한 도구였다.

육체는 우리가 어떤 존재로 서 있는지를 보여 주는 척도이다. 확신이 없는 사람은 자기 자신을 믿지 못하고, 그 사실은 바로 육체를 통해 밖으로 드러난다. 즉, 자신의 팔을 편하게 두지 못하고 움츠린다거나 걸어가면서도 자기 안에서 붙들 것을 찾으려 자기 몸을 움켜쥐고 간다. 또 어깨를 잔뜩 움츠린 사람을 보면 그가 두려움에 사로잡혀 있음을 감지할 수 있다.

확신이 없는 사람은 자신의 중심을 가슴 영역에 둔다. 그들은 자기 자신 안에 있지 않다. 그들은 자신이 매우 강하고 결코 지지 않는 존재라고 밖으로 대단히 내세운다. 그러나 사실 그들은 서 있을 중심이 없다. 그들은 살짝 건드리기만 해도 이내 무너지고 만다. 서 있는 자세에서도 자신에 대한 믿음을 지니고 있는가는 감지된다. 육체는 단순히 척도만이 아니라 인간으로 성숙해 나가는 도구 역할도 한다. 우리는 육체를 통해, 육체 안에서 내적 자세들을 훈련할 수 있다. 우리는 서 있는 동작을 통해 서는 능력과 자신을 믿는 마음을 훈련할 수 있다.

예를 들어, 우리가 땅속에 뿌리를 내리고 서 있는 나무라고 해보자. 땅에 깊이 뿌리박고 있다면 우리는 제대로 서 있을 수 있다. 즉, 무게 중심을 발꿈치와 발바닥에 두고 서 있다는 뜻이다. 무릎을 구부리면 손이 땅에 닿는다. 콘크리트로 만든 전신주가 아니라 나무처럼 편안하게 서 있다. 우리가 숨을 쉬면 발바닥을 통해 땅 아래로 날숨이 뻗어 나가고, 땅에서 머리끝 정수리를 통해 하늘까지 들숨이 뻗어 올라간다. 아래로 단단히 뿌리내리고 위로는 하늘을 향해 가지를 뻗은 나무처럼 그렇게 서 있다 보면 우리는 자신에 대한 믿음을 성장시킬 수 있다. 그리고 스스로에게 이렇게 말할 것이다. "나는 서 있을 수 있는 능력을 지니고 있다. 나는 두 발로 땅을 딛고 서 있다. 나는 서 있을 수 있는 한 지점을 가지고 있다. 나는 나를 견딜 수 있다. 나는 나 자신을 책임질 수 있다. 나는 나를 향해, 내 안에 서 있다." 아니면 다음과 같이 성경 구절을 암송할 수도 있다.

"네 근심을 주님께 맡겨라. 그분께서 너를 붙들어 주시리라."(시편 55, 23) "언제나 주님을 제 앞에 모시어 당신께서 제 오른쪽에 계시니 저는 흔들리지 않으리이다."(시편 16, 8)

나는 머리를 통한 길만으로는 자신에 대한 믿음을 확보할 수 없다는 사실을 언제나 다시 체험한다. 몸 전체를 통한 훈련은 자기 안에 자신에 대한 믿음을 키우는 데 큰 도움이 된다. 물론 이 훈련 한 번만으로 자신에 대한 영원한 믿음이 생겨나지는 않는다. 당연히 다시 훈련하고 또 훈련해야 한다.

뒤르크하임은 '하라Hara', 즉 아랫배로 서 있어야 한다고 말한다. 무게 중심을 아랫배에 둔다면 그것은 안정되고 튼튼한 자세이다. 그러면 누구도 쉽게 이리저리 흔들 수 없다. 그렇다고 그 자세가 있는 힘껏 땅에 말뚝을 박고 서 있다는 의미는 아니다. 오히려 모든 것이 통하는 자세를 뜻한다. 자기 자신에 집착하지 않으며 하느님과 존재 자체, 뒤르크하임의 표현대로 본질을 향해 개방되어 있다. 이 개방 속에서 나는 안전과 확신을 느낀다. 매우 커다란 무엇인가를 향해 개방되어 있기에 자기 자신에게 병적으로 집착하지 않으며 하느님에 의해 보호 받음을 느낀다.

나는 강의를 시작하기 전에 의식적으로 '하라' 자세로 서며 마음을 고요하게, 정신을 맑게 한다. 많은 사람들이 강의 도중 책상을 꼭 붙들거나 발을 이리저리 앞뒤로 바꾼다. 그런 자세들은 밖으로 표출된 내면의 불안이며 그것은 점점 더 커진다. '하라'로 서 있으려는 의식적인 노력은 신뢰와 개방을 위한 훈련이다. 여기서 나의 초점은 강의를 통해 사람들을 감동시키는 것이 아니다. 나를 통해 어떤 큰 존재가 흘러가도록 하는 것, 즉 나를 통해 궁극적으로는 하느님께서 사람들에게 말씀하시도록 한다.

오늘날 많은 사람들이 자신에 대해 믿음이 부족한 사람들은 돕기가 어렵다고 생각한다. 그러나 우리는 그처럼 내팽개쳐진 존재가 아니다. 우리는 몸동작을 통해 자기 자신에 대한 믿음을 차츰 회복하는 훈련을 할 수 있다. 물론 몸 안에서의 변화는 매우 천천히 일어난다. 따라서 많은 인내가 필요하다.

몸은 우리를 속이지 않는다. 그렇다고 몸을 자신에 대한 믿음을 개발하는 데만 이용할 수도 없다. 몸은 진지하게 행동하도록 우리를 이끈다.

'하라'는 보다 큰 존재를 위해, 즉 하느님을 위해 준비하는 자세를 뜻한다. 자신에 대한 참된 믿음은 자신의 요구와 척도에 대한 고집을 포기할 때 비로소 몸을 통해 서서히 성장한다. 우리는 자신을 놓아주면서 하느님을 향한 믿음에 우리를 내맡길 준비가 되어 있어야 한다. 하느님만이 우리 자신에게 참된 발판과 자기 가치를 선사하실 수 있기 때문이다.

믿음의 길

나에게 자기 가치에 대한 문제는 궁극적으로는 언제나 종교적 문제이다. 믿음은 우리가 본래 누구이며 자신의 참된 가치를 어떻게 깨달을 수 있는지 알려 준다. 그러나 하느님을 믿으면 자기 자신에 대한 믿음도 생긴다는 말만으로는 충분하지 않다. 문제는 어떻게 하면 우리가 하느님께 대한 믿음을 가질 수 있느냐이다. 믿음을 갖자는 호소만으로 믿음이 생기는 것은 아니기 때문이다.

신심 깊은 사람들은 하느님께 대한 자신들의 믿음이 부족한 원인을 기도를 열심히 하지 않은 탓으로 돌리고, 자책하며 더 열심히 기도하려고 노력하는 악순환에 자주 빠진다. 그들은 자신들이 원하는 대로 기도할 수 있다. 그러나 그들은 곧 다시 자신들에 대한 믿음을 상실하는 상황을 체험한다. 점점 더 빠른 속도로 기도와 자책을 반복하지만 전혀 앞으로 나아가지 못한다.

기도를 열심히 하여 하느님께 대한 믿음이 생기도록 강요한다고 해서 믿음이 생겨나지는 않는다. 믿음은 하느님께서 우리에게 품으신 믿음을 눈앞에 떠올리며 그분을 믿기 위해 훈련함으로써 길러진다. 우리 안에 하느님께 대한 깊은 믿음이 생겨나고 그 믿음을 통해 자기 자신에 대한 믿음도 새로워지는 것은 언제나 큰 은총이다.

개인적으로 나는 믿음을 가진 듯 행동하며 믿음을 갖는 데 도움을 얻곤 한다. 예를 들어 성경에서 믿음에 관한 구절을 암송하며 나는 나 자신의 행동이 올바른지 어떤지, 또 어떤 일이 벌어지는지 살핀다. "주님께서 나를 위하시니 나는 두렵지 않네. 사람이 나에게 무엇을 할 수 있으랴?"(시편 118 참조) 하고 암송하다 보면 어느새 내 안에 있는 믿음과 만나게 된다.

융은 언제나 우리 안에 두려움과 믿음이 함께 존재한다고 했다. 오직 두려움만 가진 사람도 없고, 믿음만 가진 사람도 없다. 성경에서 믿음에 관한 말들을 자주 접하다 보면 우리 영혼 깊숙한 곳에 있는 믿음도 발견하게 된다. 그 믿음은 우리 안에서 성장해 우리에게 점점 더 깊은 영향을 끼치게 된다.

또한 "주님은 나의 목자, 나는 아쉬울 것 없어라"(시편 23 참조)라는 구절을 묵상하다 보면 그것이 단순히 훈련에 그치지 않음을 알 수 있다. 물론 그 구절이 진실이기에는 내용이 너무 아름다워 의심이 일기도 한다. 묵상 중 나는 이 말을 사실로 받아들인다. 그러면 내 안에 자유와 다른 사람들로부터 해방되는 듯한 느낌이 솟아난다. 그리고 하느님만으로 충분할 뿐 아니라, 나의 필요나 가치를 그분께서 충분히 채워 주시리라는 믿음도 자라난다.

우리 믿음의 핵심은 하느님께서 우리를 아무 조건 없이 받아들이셨다는 것이다. 세례를 받을 때 하느님은 우리에게 다음과 같이 말씀하셨다. "너는 내가 사랑하는 아들딸이니, 내 마음에 드는 아들딸이다."(마르 1, 11 참조)

만약 우리가 있는 그대로의 사실을 근거로 살아간다면

자신에 대한 많은 의혹에서 벗어날 수 있을 것이다. 그리고 자기 안에서 수없이 듣는 다음과 같은 부정적인 평가도 잠잠해질 것이다. '너는 아무짝에도 쓸모가 없어. 너는 결코 그걸 해내지 못할 거야. 너는 바보야!'

문제는 어떻게 하면 우리를 지배하는 자책이나 자기 비하, 늘 미안해하는 태도에서 벗어나 확고한 믿음 속에서 살 수 있느냐는 것이다. 내 경우에는 성경 구절을 묵상하고 그리스도교의 축제를 함께 지내는 것이 매우 유익했다.

성경 구절 묵상하기

자신에 대한 믿음이 확고하지 않아 고민하는 사람들의 개인 피정 지도 때, 나는 언제나 성경 구절을 묵상하며 믿음과 자기 가치에 대한 느낌을 찾도록 권유한다. 구약과 신약은 우리 안에 그 누구도 침해할 수 없는 가치가 내재한다는 사실을 알려 주기 때문이다. 우리가 내면에 지닌 신적 품위에 대해 믿음을 가진다면, 자신의 가치에 대해 건강한 느낌을 가질 수 있으며 더불어 다른 사람의 견해와 상관없이 그 느낌을 지속시킬 수 있다. 이사야서 43장은 하느님의 보호를 믿고, 그 믿음으로 우리 자신의 가치를 인식하도록 도와준다.

"내가 너를 구원하였으니 두려워하지 마라. 내가 너를 지명하여 불렀으니 너는 나의 것이다. 네가 물 한가운데를 지난다 해도 나 너와 함께 있고 강을 지난다 해도 너를 덮치지 않게 하리라. 네가 불 한가운데를 걷는다 해도 너는 타지 않고 불꽃이 너를 태우지 못하리라. 나는 주 너의 하느님 이스라엘의 거룩한 이, 너의 구원자이다. 네가 나의 눈에 값지고 소중하며 내가 너를 사랑하기 때문이다. 내가 너 대신 다른 사람들을 내놓고 네 생명 대신 민족들을 내놓는다."(이사 43, 1-4)

나는 이 말씀을 단순히 이성의 눈으로만 보지 않고 마음으로 느끼려고 노력한다. '이 말씀이 사실이라면 나는 어떤 느낌이 들까? 이것이 나의 가장 깊은 실체를 알려 주고 있다면 나는 나를 어떻게 체험해야 할까?' 나는 이 말씀을 자주 되풀이해 묵상하면서 스스로에게 이렇게 말했다. "이것이 본래의 실제이다. 내가 지금 갖는 느낌 이상의 실제이고, 내가 나를 존중하는 것보다 더한 실제이다."

그러자 내 안에 믿음이 있음은 물론, 내 안에 하느님께서 계시고 나는 아무도 침범할 수 없는 가치를 지니고 있으며 하느님은 땅을 주고 건져 낼 만큼 나를 소중히 여기심을 느낄 수 있었다. 홍수도, 내 무의식에 들어 있는 모든 위험한 요소들도 나를 넘어뜨릴 수 없고 내 갈망이나 본능의 불꽃도 나를 태워 버릴 수 없다. 나는 외부나 내부에서 다가오는 위협을 두려워할 필요가 없다. 하느님께서 내 곁에 계시기 때문이다.

이처럼 말씀 묵상이 스스로에 대한 믿음이 없는 사람들의 자기 가치 발견에 크게 도움이 된다는 사실을 나는 피정을 지도하며 늘 새롭게 체험한다. 하느님과 자신에 대한 믿음이 전혀 없다고 자기 자신을 비난하는 사람들을 나는 끊임없이 접한다. 그러나 사실 하느님은 그들을 보살피고 계시다. 따라서 그들은 근본적으로 두려움을 가질 필요가 없다. 그들에게 믿음을 가지라는 호소는 부정적인 결과만 낳을 뿐이다. 그들은 두려움을 쫓아내지 못한다. 그것은 개인적인 경우에도 마찬가지다. '그렇게 하지 말았어야 하는데…'와 같은 말은 양심에 부담만 준다. 뚜렷한 이유 없이도 두려움을 느끼기 때문이다. 의지를 다지고 믿음을 갖도록 스스로를 재촉하거나 믿음을 가질 만한 이유가 충분하다고 자신의 이성에 호소하며 구구절절이 설명하는 것은 전혀 도움이 안 된다.

믿음은 성장해야 한다. 그리고 무의식의 세계까지 파고들어 단단하게 뿌리내려야 한다. 하느님의 말씀에 맛들이고 계속해서 되새기며 말씀이 사기 안에 깊숙이 파고들도록 한다면 믿음은 성장할 것이다. 아울러 나는 서서히 변화되고 점차 믿음과 확신이 내 안에 생기게 된다. 내가 즐겨 제시하는 또 다른 묵상 자료는 이사야서 54장이다.

"환성을 올려라, 아이를 낳지 못하는 여인아! 기뻐 소리쳐라, 즐거워하여라, 산고를 겪어 보지 못한 여인아! 버림받은 여인의 아들들이 혼인한 여인의 아들들보다 많을 것이다. 주님께서 말씀하신다. 너의 천막 터를 넓혀라. 네 장막의 휘장을 아낌없이 펼쳐라. 네 천막 줄을 길게 늘이고 말뚝을 단단히 박아라."(이사 54, 1-2)

우리는 마치 열매도 맺지 못하는 외로운 신세라고 느낄 수 있다. 하는 일도 없고, 여태 아무 가치도 없이 살아왔으며, 모든 것이 허무하다는 느낌으로 가득 찰 수 있다. 다른 한편으로는 열매를 맺지 못한다는 자괴감일 수도 있고, 때때로 밀려드는 고독이거나 홀로 내던져진 듯한 외로움일 수도 있다. 그런 기분에서 이사야서의 말씀은 나 자신에게 던지는 비난이나 자기 비하의 언행들을 점차 가라앉힌다. 나의 삶이 풍성한 열매를 맺으리라는 약속은 곧 고독하게 내던져진 나를 위한 것이 된다. '나의 천막을 넓힌다'는 말은 나의 내면세계를 넓히고 스스로를 너무 작게 생각하지 않는다는 뜻이다. 그 천막은 많은 사람들에게 자리를 제공한다. 내 마음은 끝없이 넓고 나는 그처럼 넓은 공간을 만들어 주신 하느님께 마음을 열어 놓는다.

그리고 나는 내 천막에 사람들을 초대한다. 하느님께

받은 멋진 선물인 천막 속에 그분께서 친히 거주하신다. 나는 나를 숨길 필요가 없다. 나는 나의 내면세계의 아름다움을 믿고 사람들을 초대해 하느님께서 내게 주신 영광을 함께 기뻐한다.

나는 말씀의 묵상 안에는 그 어떤 것도, 심지어 나 자신에 대한 믿음조차 억지로 집어넣고 싶지 않다. 하느님께서 이미 믿음을 가지라고 하셨으므로, 믿음을 가지라는 윤리적 권고를 덧붙이는 것은 별 소용이 없다. 그것은 충분한 믿음을 갖지 못한 것에 대한 양심의 가책만 불러일으킬 뿐이다.

묵상은 아주 보드라운 길이다. 나는 싱겅 말씀 안에서 하느님께서 친히 내 안에서 작용하시도록 놓아둔다. 나는 나 자신과 나의 가치에 대한 느낌의 부족을 하느님께 내드리고 그분께서 당신의 말씀과 영, 사랑으로 파고들어오시도록 둔다. 피정의 목적은 자기 문제의 해결이 아니다. 하느님께서 나를 변화시키도록 자신을 내드리는 것이다. 아울러 하느님으로부터 나온 자신이 누구인지 깨달은 사람은 일상의 문제들을 해결할 때도 깨닫지 못한 사람과는 다르게 처리한다. 그는 자신에 대한 믿음을 갖기 위해 자신의 신을 강압하지 않으며, 스스로의 깊은 실제를 안다. 그리고 자신의 신적 품위와 하느님께서 만들어 주신 자신의 고유한 모습도 안다.

그리스도교 축제를 지냄

교회력의 여러 축제들은 고유한 방법으로 복음서를 묵상한다. 축제 안에서 우리는 자신의 삶을, 하느님께서 예수 그리스도를 통하여 '훌륭하게 창조하시고 더 멋지게 갱신하신'(성탄 축제의 기도문) 우리의 삶을 축하한다. 우리가 축제를 지내는 까닭은 우리의 삶이 축하할 가치를 지녔기 때문이다. 우리는 전례를 통해 우리의 구원을 축하하는 잔치를 지낸다. 우리는 거룩한 전례의 축제에 몰입함으로써 자신의 실제를 짐작할 수 있다. 전례를 통해 자신의 유일하고 고유한 품위에 대한 느낌을 내면에서 성장시킬 수 있다. 나는 몇몇 축제를 예로 들어, 이러한 면을 제시하고자 한다.

먼저, 성탄시기에 우리는 마음 안에서 하느님이신 예수님의 탄생을 축하한다. 하느님이 우리 안에서 한 어린아이로 탄생하신다. 우리는 자기 과거에 고정되지 않고, 하느님께서 우리와 함께 하나의 새로운 시작을 하신다. 하느님은 우리를 당신이 손수 만드신 우리의 원초적 모습과 만나도록 하신다. 내가 나의 가치를 믿을 수 없기에, 내가 나의 가치를 자꾸만 낮게 평가하기에, 그리스도의 탄생 안에서 하느님 친히 내게 오시어 다음과 같은 기쁜 소식을 전하신다. "너와 같이 아름다운 존재는 이 세상에, 이 순간에 단 한 번 존재할 뿐이다." 그러기에 우리는 베들레헴의 아기 안에서 세상을 향해 빛나는, 사람들 한 명 한 명의 얼굴을 통해 드러나는 신적 아름다움을 축하한다.

구원된 우리 존재의 신비를 드러내는 표상은 성탄시기에 세 가지가 있다. 그중 하나는 나의 마구간에 그리스도께서 탄생하시는 것이다. 나의 어둠 속으로 하느님의 빛이 들어와 마음속 혼돈을 변화시킨다. 이것을 우리는 성탄 자정미사에서 찬미하고 기뻐한다. 나는 하느님께 굳이 어떤 착한 일을 했는지 증명할 필요가 없다. 나는 나의 마구간을 유지하기만 하면 된다. 그러면 하느님께서 거기에 빛을 비추실 것이다. 주님의 탄생은 나의 육체 안에서 하느님의 영광이 드러남을 의미한다.

나는 수도원의 피정 집에서 성탄 축제와 관련해 피정을 한 적이 있다. 그때 나와 다른 사람들은 하느님의 영광이 육체 안에서 빛나는 것을 인식하는 훈련을 했다. 만약 하느님의 영광이 나의 육체 안에서 빛나는 것이 나의 가장 깊은 실제라면, 나는 어떻게 나 자신을 체험할 수 있을까? 놀랍게도 피정에 함께한 사람들은 이 훈련을 통해 성탄 축제의 신비를 차츰 더 깊이, 더욱더 아름답게 인식하게 되었고 자신의 가치에 대한 새로운 느낌도 갖게 되었다.

세 번째 표상은 성탄시기를 마감하는 축제인 예수님의 세례이다. 요르단 강물 한가운데에 서 계시는 예수님에게 하늘이 열리며 하느님의 말씀이 들려온다. "너는 내가 사랑하는 아들, 내 마음에 드는 아들이다."(마르 1, 11)

요르단 강물은 세례자 요한에게 세례를 받으러 온 사람들의 죄로 물들어 있다. 죄 한가운데 서 있는 내게 하늘이 열린다. 내 삶이 넓게 열리고 하늘의 신적 영역에까지 다다른다. 하늘에서 하느님은 아무도 침범할 수 없는 나만의 가치에 대한 원초적 말씀을 하신다. "너는 나의 사랑하는 아들이고 나의 사랑하는 딸이다. 너는 내 마음에 든다." 하느님의 아들딸이 되는 것, 그것이 내게 신적 가치를 부여한다.

나는 부모나 다른 이들의 말로 나 자신을 규정하던 행동을 그친다. 나는 나의 가치를 아버지나 어머니, 다른 사람들의 호의나 인정에 의해서 규정받지 않는다. 오직 하느님만이 나를 규정하신다. 나는 나의 참된 가치를 사람들의 칭찬이나 인정에서가 아니라, 이토록 멋지게 나를 만드신 하느님으로부터 찾는다. 하느님께서 나를 만드셨다는 사실은 다른 사람들의 기대와 판단으로부터 나를 자유롭게 한다. 하느님의 아들 예수 그리스도가 사람이 되신 것은 그리스 교부들이 말했듯이 내가 하느님의 아들이 되도록, 즉 신화神化가 되도록 하기 위함이다.

하느님께서 우리 각자에게 만들어 주신 우리의 본래적 표상과 예수 그리스도를 통해 우리에게 선사하신 신적 품위는 교회력 안에서 점차 전개된다. 사순시기에 우리는 습관에 사로잡히지 않는 내적으로 자유로운 존재가 되기 위해 훈련한다. 이 훈련은 우리가 자신의 가치를 더욱 강하게 느끼게 해준다. 우리는 우리의 삶이 외부로부터 규정되도록 놔두지 않고, 스스로 능동적으로 형성해 나간다.

단식은 우리의 육체가 하느님을 향해 투명하게 열려 있도록 해준다. 또한 우리의 삶을 좀 더 강하고 진지하게 해준다. 우리는 자신을 받아들이고, 주변 세계를 분명히 의식하며 있는 그대로 인지한다. 우리는 단식을 통해 깨어나고 분명한 의식을 가진다. 아우구스티노에 의하면 우리는 단식으로 육체의 부활을 준비한다.

부활절에 우리는 예수님의 부활만을 찬미하고 기념하

는 것이 아니라, 우리 자신의 부활도 축하한다. 해마다 부활절이 되면 수도원에 약 250명 정도의 젊은이들이 부활 축제를 함께 지내러 온다. 그들은 부활 축제가 그들 자신의 부활을 암시한다는 것을 알아차린다. 하느님께서 예수님의 부활로 그들 각자의 사슬을 풀어 주시며, 그들의 길 앞을 가로막은 큰 돌을 치우시고, 그들을 무덤에서 꺼내 삶으로 인도하신다는 것을 느낀다. 그들은 죽음을 거슬러 삶으로 나아감을 기뻐하며 축하한다. 그리고 노래와 춤 속에서 삶을 방해하는 모든 권력과 힘을 거슬러 나아간다. 죽음을 이긴 삶의 승리를 기뻐하고, 미움을 이긴 사랑의 승리를 축하하기 위해 일어선다. 그들은 그리스도 친히 두려움과 절망의 무덤에서 자기들을 건져 일으켜 세우시도록 자기 자신을 온전히 내맡긴다. 그리고 구원되고 해방된 자로서의 품위를 진정으로 기뻐한다. 많은 젊은이들이 부활 축제를 참으로 진지하게 함께 지냈고, 자기 자신을 좀 더 깊이 신뢰함은 물론, 자신의 가치를 좀 더 분명히 체험하게 되었다고 털어놓았다.

부활 축제의 핵심인 일으켜 세우는 작업은 성령 강림을 통해 완성된다. 두려움에 벌벌 떨던 사도들을 일으켜 세상 사람들 앞에 나가 예수님의 부활을 선포하게 하신 분은 성령이다. 성령은 두려움에 사로잡혀 있던 사도들을 자기 자신에 대한 믿음으로 가득 찬 용기 있는 사람들로 변화시키셨다. 그들은 비로소 자신을 신뢰하고, 자기 자신과 함께하며, 자기 안에서 불타오르는 감동을 느끼게 되었다.

나는 자기 감정을 불신하는 많은 젊은이들을 만난다. 그들은 다른 사람들이 그들의 양심에 가책을 느끼도록 하는 말에 매우 쉽게 영향을 받는다. 그리고 그리스도교적 윤리의 이름으로 요청되는 더 철저한 신앙에 대해 심각하게 고민한다.

그러나 성령은 우리에게 아주 부드러운 목소리로 말을 걸어오신다. 우리가 성령에 의한 고요한 내적 충동을 감지하고 자신의 감정을 신뢰하며 윤리·도덕주의자의 말에 마음이 졸아들거나 전전긍긍하지 않도록, 성령 강림의 불길은 우리에게 용기를 불어넣는다. 성령이 우리 안에 계시며 우리에게 먼저 말을 건네는 것이다. 성령은 우리로 하여금 무엇을 하도록 압박을 가하는 낯선 존재가 아니다. 성령은 우리 안에 계시는 하느님의 원초적 표상과 만나게 해주는, 매우 친숙하고 믿음직스러운 존재이다.

고요하게 기도를 드릴 때 우리는 자주 성령과 만난다. 그분은 우리를 질식하도록 몰아가지 않으며 자유로운 진리로 인도하신다. 그분은 우리가 본래 누구인지를 보여준다. 자기 안에 계시는 성령을 신뢰하는 사람은 종종 자신을 감싸는 파괴적 정신의 정체를 꿰뚫어 본다. 그는 차츰 하느님이 그에게 만들어 주신 본래의 모습으로 성장해 나간다.

교회력의 수많은 축제는 그리스도를 통해 하느님으로부터 생명을 받아 세상에 온 우리가 누구인가를 드러낸다. 즉, 그것은 우리의 구원에 대한 표상이자, 신적 품위의 표상이다. 거기에는 수많은 성인들의 축일도 해당된다. 성인의 축일은 각 성인들이 어떤 고유한 방법으로 하느님을 표현했고, 어떻게 세상에 그 이름을 드러냈는지를 가르쳐 준다.

자신의 품위를 지키는 여성에게 용기를 주는 축제인 성모 마리아 축일 역시 우리 모두에게 기쁨과 희망을 준다. 안타깝게도 마리아는 교회 내 일부 단체에서 여성들의 양심의 가책을 불러일으키는 도구로 악용된 적도 있다. 마리아를 과도하게 찬양해 그 밖의 모든 여성은 열등감을 갖도록 했기 때문이다. 그러나 이는 마리아 축일의 본래 의미가 아니다. 마리아 안에서 우리는 자신의 구원을 기념하고 하느님께서 예수 그리스도를 통해 우리에게 행하신 바를 기념해야 하는 것이다.

가령, 마리아의 예수님 잉태를 기념하는 축제는, 우리에게 신앙의 표본을 제시한다. 즉, 주변의 모든 이들로부터 배척을 당하면서도 그러한 현실을 받아들이고 하느님께 나아가는 용기를 보여 준다. 하느님으로부터 멀어져 가는 이스라엘 백성을 대신해 마리아는 말했다. "보십시오, 저는 주님의 종입니다. 말씀하신 대로 저에게 이루어지기를 바랍니다."(루카 1, 38) 그리고 그들 가까이로 하느님을 모셔 왔다. 이름도 없는 나자렛 출신의 한 여인이 용기를 내어 백성을 대표해 말하고 하느님께 자신을 바친 것이다.

전례는 하느님이 당신의 아들을 잉태하도록 선택하신 이 여인의 신비를 매우 아름다운 표상들로 노래한다. 그 표상들 속에서 우리의 품위와 아름다움 역시 언제나 함께 드러나며, 하느님은 우리 안에서도 탄생하기를 원하신다. 여성에 대한 당시 제도권 교회의 시각과 달리, 전례는 언제나 대단한 용기를 지닌 신학을 보여 주며, 마리아 축제 속에서 여성은 그 중심에 선다. 여성은 그리스도를 낳았으며 그 결과 구원이 이 세상에 왔다. 현대 여성 신학은 마리아를 비롯해 여성이 지닌 품위와 전례상의 의미를 새롭게 발견하고 있다.

바오로의 체험

사도 바오로는 로마 신자들에게 보내는 편지에서 그리스도께서 우리를 해방시켰기에 우리는 다른 사람들과 그들의 견해로부터 자유로운 존재라는 사실을 여러 번 되풀이해서 말했다. "하느님의 영의 인도를 받는 이들은 모두 하느님의 자녀입니다. 여러분은 사람을 다시 두려움에 빠뜨리는 종살이의 영을 받은 것이 아니라, 여러분을 자녀로 삼도록 해주시는 영을 받았습니다. 이 성령의 힘으로 우리가 '아빠! 아버지!' 하고 외치는 것입니다."(8, 14-15)

바오로에게 하느님의 아들딸이 된다는 것은 종살이에서의 해방을 의미했다. 종은 주인의 손에 좌지우지되므로 주인을 두려워한다. 종은 다른 사람에게 자신에 대한 권한을 넘겨준 사람이다. 종의 가치는 다른 사람에 의해 평가된다. 다른 사람이 호의를 가지고 다가오면 그 종은 스스로에 대해 긍정적으로 생각한다. 그러나 남들이 고개를 돌리는 순간, 그의 세상은 무너져 버린다.

내가 다른 사람의 기분에 따라 움직이는 것은 그가 나를 지배하도록 내맡기는 것과 같다. 함께 사는 사람들에 의해 감정이 좌우되는 사람들이 있다. 그들은 다른 사람의 비난 앞에 완전히 무릎을 꿇고 절망한다. 또 누군가 우울한 얼굴로 자기 주변을 서성대기라도 하면, 그들은 덩달아 울적해하거나 자신이 무엇인가를 잘못해서 그렇게 되었다고 생각하며 죄의식에 시달린다.

우리는 하느님의 아들이지 사람들의 종이 아니다. 우리는 자신을 다른 사람의 손에 내맡겨서는 안 된다. 다른 사람에게 자기 자신에 대한 권한을 넘겨줘서도 안 된다. 나에 대한 권한을 다른 사람이 갖게 된다면, 나는 당연히 그 사람 앞에서 두려워할 것이다. 나는 그가 그 권한을 잘못 사용하지나 않을까, 나를 다치게 하거나 병들게 하지는 않을까 끊임없이 두려워하며 살아야 한다.

바오로에게 하느님의 아들딸이 된다는 것은 두려워하지 않는 삶을 의미했다. 하느님은 누구도 빼앗을 수 없는 참된 가치를 우리에게 주셨다. 다른 사람이 우리를 다치게 할 수는 있으나 아무도 빼앗아 갈 수 없는 참된 가치가 우리에게 있다. 자신의 약점과 잘못 때문에 실망한 사람들은 사도 바오로의 다음 말에 위안을 얻을 것이다. "내가 약할 때에 오히려 강하기 때문입니다."(2코린 12, 10)

자기 자신에 대한 믿음을 갖는다는 것은, 언제나 강하고 모든 문제를 해결하며 스스로를 완벽히 통제한다는 뜻이 아니다. 오히려 자신의 약함 가운데서도 자아를 잃지 않고 서 있는 것을 의미한다. 그것은 우리가 나약할 때 우리를 일으켜 세우시는 하느님의 은총을 믿기 때문이다.

강한 자신, 이상을 실현하는 자신에서 자아의 가치에 대한 느낌을 찾는 사람은 자신의 약함과 실패를 경험하면 무너져 내리고 만다. 하지만 자신의 약함까지도 받아들이는 사람은 내적으로 강하며, 자신의 가치에 대한 느낌도 실패나 실망에 의해 파괴되지 않는다. 실패나 실망 중에도 하느님께서 자신을 붙들어 주신다는 것을 알기 때문이다. 그런 사람은 바오로처럼 믿음의 영향으로 자신의 가치를 인식할 수 있다. "나는 확신합니다. 죽음도, 삶도, 천

사도, 권세도, 현재의 것도, 미래의 것도, 권능도, 저 높은 곳도, 저 깊은 곳도, 그 밖의 어떠한 피조물도 우리 주 그리스도 예수님에게서 드러난 하느님의 사랑에서 우리를 떼어 놓을 수 없습니다."(로마 8, 38-39)

화해에 관한 복음

성경의 기쁜 소식 중 핵심적인 주제 하나가 곧 화해이다. 이에 대해 바오로는 다음과 같이 말한다. "우리는 그리스도를 대신하여 여러분에게 빕니다. 하느님과 화해하십시오."(2코린 5, 20)

이 말엔 이웃과의 화해는 물론, 자기 자신과의 화해도 포함된다. 예수님은 하느님께서 인간의 수많은 잘못에 상관없이 인간을 받아들이심을 일깨워 주며 자기 자신과 화해하기를 원하신다. 하느님이 인간을 용서하시므로 인간 역시 자신을 죄인으로 단죄하는 것을 그만두어야 한다. 그리고 하느님께서 자신을 용서하셨다는 믿음을 스스로를 용서함으로써 드러내야 한다. 자신을 계속해서 죄인 취급하며 고통 속에 사는 것은 무의미한 일이다.

예수 그리스도는 설교가 아니라 당신의 인격으로 용서를 실천해 보여 주신다. 그리고 그 용서는 우리가 우리 자신을 비롯해 과거와 화해하도록 한다. 나의 시선은 더 이상 내 죄에 머무를 필요가 없다. 나는 내 죄가 용서를 받았음을 이제 안다. 그 죄가 더 이상 하느님과 이웃, 나 자신으로부터 나를 분리시킬 수 없음을 알기 때문이다. 죄는 분열을 의미한다. 죄의식을 느끼는 사람은 내적 분열을 느낀다. 자신의 가치에 대한 느낌도 초점을 잃어 흐릿해진다. 그런 사람은 자기 자신과의 관계, 참된 핵심적 관계를 잃고 만다.

예수님을 통해 하느님께서 자신의 죄를 용서하셨다는 사실을 알게 된 사람은, 용기를 얻어 자기 자신과 함께하며 새 삶을 시작하게 된다. 예수님은 불구가 된 사람의 죄를 용서하시며 이르신다. "일어나 네 들것을 들고 걸어가거라." 이제 그는 과거에 사로잡혀 계속해서 불구의 상태로 있어서는 안 된다. 죄를 지었다는 사실이 삶을 포기할 이유는 못 되기 때문이다. 예수님은 또한 간음한 여자가 새 삶을 시작하도록 그녀에게 믿음을 보이신다. 예수님은 그녀에게 이렇게 말씀하신다. "나도 너를 단죄하지 않는다. 가거라. 그리고 이제부터 다시는 죄짓지 마라."(요한 8,11)

용서와 동시에 새로운 시작이 가능해진다. 예수님은 그녀가 과거에서 벗어나게 하시고 나약한 그녀의 자의식을 강하게 하신다. 그분은 그녀에게 윤리적 규정이나 지킬 계명을 언급하며 그녀를 낮추는 것이 아니라, 오히려 믿음을 심어 줌으로써 일어서도록 하신다. 그녀는 단순히 쾌락을 찾다가 죄에 빠져든 것이 아니다. '아니요'라는 말을 못해서, 어떻게 해야 좋을지 알지 못해서, 자기 자신 안에 편안히 있지 못해서 잘못에 빠져들었다. 예수님은 그녀의 자아에게 이렇게 말씀하신다. "너는 다르게 살 수도 있다. 너는 힘을 지니고 있기에 다른 삶을 시도해 볼 수 있다. 이제 그 삶이 네게 얼마나 좋은 역할을 하는지 경험하게 될 것이다." 예수님은 그녀에게 삶을 포기하고 자신을 낮추라고 요구하지 않으신다. 오히려 그녀 안에 이미 존재하는 힘에 관심을 가지신다. 그리고 그녀가 본래부터 살고 싶어 하던 품위를 상기시켜 그녀를 일으켜 세우신다.

우리는 다른 사람에게 믿음을 줌으로써 그가 자기 자신에 대해 믿음을 갖도록 할 수 있다. 루카 복음서에 나오는 예수님과 죄 많은 여자의 만남 이야기는 이런 사실을 보여 준다. 예수님은 그녀의 죄를 용서하신 뒤 이렇게 말씀하신다. "네 믿음이 너를 구원하였다. 평안히 가거라."(7, 50)

예수님은 그녀의 믿음을 칭찬하신다. 그분은 그녀가 행한 긍정적인 행동을 강화시켜 그녀가 자기 안에 있는 좋은 힘과 만나도록 하신다. 그리고 예수님은 그녀에게 다음과 같은 말씀으로 믿음을 심어 주신다. "평화를 가져라! 너 자신을 더 이상 죄의식으로 괴롭히지 마라. 이제 너는 너 자신과의 평화, 다른 사람들과의 평화를 지니고 살아갈 수 있다. 너는 이제 네가 이렇게 존재한다는 사실에 대해 더 이상 미안해할 필요가 없다. 너는 존재할 충분한 가치를 지니고 있다. 너는 네 안에 평화를 지니고 있으며, 완전하고 충만한 삶을 지니고 있다. 이제 그것을 살아가거라!"

예수님이 죄 많은 여자와 간음한 여자에게 보여 주신 행동을 초기 교회의 수도자들 역시 실현해 나갔다. 그들은 상담하러 온 제자들에게 믿음과 용기를 심어 주었다. 한 나이 든 수도자는 제자에게 자신이 1년 내내 한마디 말도 하지 않은 사실을 고백했다. 그런가 하면 다른 제자에게는 자신이 이틀에 한 번만 음식을 먹는다고 말했다. 그처럼 제자들에게 믿음으로 자신에 대한 이야기를 함으로써, 그는 제자들이 스스로의 가치를 강하게 느끼도록 한 것이다. 제자들은 자기 안의 능력을 발견하고 개발해 나갈 수 있었으며 삶에 기쁨을 갖게 되었다.

내게도 이런 방법은 매우 유용하다. 무엇인가를 설명하는 대화에서 직접적인 언급은 피한 채, 주변적이고 간접적인 말만 하는 것은 나에게 충분하지 않다. 나는 상담하러 온 사람이 적극적으로 자기 안의 가능성을 발견하고 스스로 나래를 펼칠 힘을 키우도록 구체적으로 청하고 싶을 때가 종종 있다. 그래서 피정하는 사람들에게 특별한 훈련을 시키기도 한다. 큰 소리로 하느님과 30분 정도 대화하게 한다거나, 현재의 느낌이나 생각을 있는 그대로 하느님께 말씀드리도록 하는 것이다. 또 편지를 쓰는 과제를 주기도 하고, 자신이 죽음 직전에 있다는 가정 하에 삶을 통해 무엇을 전하고자 했는지, 주로 무슨 생각을 하며 살았는지 등을 기록해 보라고도 한다. 어떤 사람들은 이런 과제에 반발하기도 한다. 하지만 결국 받아들이게 되고, 그들에게도 좋은 결과를 가져온다.

물론 그들을 힘들게 하려고 그런 과제를 내는 것은 아니다. 간접적인 방법으로 사람들이 자기 안의 힘을 발견하고 문제를 스스로 풀 수 있다면 그것도 나름대로 의미가 있을 것이다. 그러나 나는 사람들이 어느 한 가지 방법으로 모든 문제를 해결하려는 데는 언제나 부정적이다. 나는 사람들이 자신의 가치를 강하게 느끼는 데는 직접적이고 능동적인 도전이 매우 중요하다는 사실을 경험에 의해 잘 안다. 도전은 다른 사람에게 피해나 부담을 주는 행동이 아니다. 오히려 자신의 자유와 품위를 지키는 한편, 자신의 힘을 개발하고 펼치기 위한 행동이다. 예수님은 사람들 안에 존재하는 선함을 믿기에 그들을 자극하고 그들에게 도전하신다. 나도 영적 지도를 받으러 온 사람을 자극하거나 그들에게 도전하는데, 그것은 내가 그 사람 안에서 작용하고 있는 성령을 믿기 때문이다. 성령은 그 사람 안에서 지금까지 예상하지 못한 새로운 가능성들을 일깨울 것이다.

예수님은 사람들이 직접 만나 대화하는 가운데 그들 안에서 성령의 힘이 작용하도록 주선하신다. 하느님께서 그들과 함께하시려는 일들이 그들이 알고 지내는 사람들의 마음에 드는 일보다 훨씬 더 중요함을 깨닫게 하시려는 것이다. 사람들이 자기들 안에서 작용하는 성령에 눈뜨게 하시고자, 하느님 친히 그들에게 만들어 주신 원천적이고 유일무이한 표상들과 만나게 하시고자 예수님은 사람들을 흔들어 깨우는 것이다.

신비의 길

신비의 길은 자신의 가치를 느끼는 건강한 방법 중 하나이다. '신비'란 초인격적 심리학처럼 우리 안에 다른 사람은 아무도 들어올 수 없는 공간이 있다는 것과, 자기 자신의 초자아에 대해 고찰할 필요가 없는 공간이 있음을 알려 준다. 그 공간은 하느님께서 우리 안에 거주하시는 고요한 곳이다. 신비주의자는 이 고요한 공간이 우리 안에 있다고 믿는다. 그러나 많은 사람들이 참된 자기 자신과 의식 세계 사이에 있는 온갖 쓰레기와 잡동사니들로 이루어진 장막(수많은 걱정과 문제, 온갖 생각과 계획으로 구성된)에 의해 분리되어 그 공간을 감지하지 못한다.

이 고요한 내면의 공간으로 가는 길은 기도와 묵상이다. 수도자들은 단순한 말을 반복해서 기도하는 방법을 개발했다. 그들은 발화의 길이나 리듬이 적절한 '보소서,

저는 당신 곁에 있나이다'와 같은 간단한 구절을 성경에서 발췌하거나 호흡에 맞춰 '하느님의 아들이신 주 예수 그리스도님, 저를 불쌍히 여기소서'라고 반복하며 기도하고 묵상했다.

   나 역시 주의를 기울여 그런 말씀에 호흡을 맞춘다. 내가 숨을 내쉴 때 말씀이 나를 하느님께서 계시는 나의 내면 공간으로 인도한다. 니니베의 이사악Isaak von Ninive은, 묵상하는 말씀이 이루 형용할 수 없는 하느님 신비의 세계로 들어가는 문의 열쇠이자 그분만이 들어올 수 있는 우리 내면의 열쇠라고 생각했다. 물론 묵상할 때마다 그 고요의 공간을 감지할 수 있는 것은 아니다. 묵상 중에 간혹, 그것도 매우 짧은 순간 내 안에 완전히 다른 무엇이 존재함을, 하느님 친히 내 안에 계심을 감지하는 경우가 있을 뿐이다. 하지만 그런 짧은 순간의 인지가 내 안의 무엇을 움직인다. 내가 나를 다르게 체험한다. 나의 본질적 존재와 만나며 깊은 곳으로 들어가게 된다. 그리고 평화가 흘러나오는 깊은 고요를 느낀다.

때때로 내 안에 자리한 고요의 공간을 상상하는 것만으로도, 그에 대한 성경의 표상들을 받아들이는 것만으로도 어느새 도움이 된다. 나는 그 표상들을 나의 외부에서 보는 것이 아니라 그것들을 통해 나 자신을 관찰한다. 요한 복음서에서 예수님은 믿는 자에 대해 다음과 같이 말씀하신다. "나를 믿는 사람은 성경 말씀대로 '그 속에서부터 생수의 강들이 흘러나올 것이다.'"(요한 7, 38)

내 안에는 결코 마르지 않는 샘, 성령의 샘이 있다. 그 샘을 감지하기 위해 나는 숨을 내쉬며 상상한다. 샘을 뒤덮고 있는 온갖 잡동사니를 뚫고 들어가 나의 어두움의 탁한 물을 걷어 내고 영혼의 심연에서 흐르는 맑은 물로 나 자신을 내적으로 생생하게 하는 모습을. 또는 히브리인들에게 보낸 서간에서 언급한 유일한 대사제인 예수 그리스도만이 들어갈 수 있는 지성소에 관한 표상을 묵상할 수도 있다.

이런 성경의 표상들을 묵상하노라면, 그 표상들이 제시하는 실제를 대면하게 되고 내 안에 계시는 예수 그리스도도 만날 수 있다. 예수님이 계시는 곳에는 성전 뜰의 소음도, 이방인도, 장사꾼이나 세속의 것들도 들어올 수 없다. 그분 외의 다른 사제들조차 들어올 수 없다. 그곳에서는 나 자신의 곰삭은 생각이나 계획도 나를 방해할 수 없다.

그 내면의 공간에서 나는 내가 누구인지 인지한다. 그리고 참된 나 자신과 만난다. 하느님께서 내 안에 계시며 나를 사람들의 힘이나 기대, 요구, 판단, 척도에서 자유롭게 하신다. 아울러 다른 사람들이 내게 덮어씌우거나 나 스스로 만든 표상들에서 나를 해방시키신다.

하느님은 나 자신을 나로부터 해방시키신다. 나는 지난날 살아온 나 이상의 존재이다. 나는 하느님의 유일무이한 표상이다. 내 안에는 하느님께서 나를 위해 만드신 아무도 손대지 않은 표상이 있고, 그분께서 친히 만드신 참된 존재가 들어 있다.

그러므로 묵상의 길은 나를 참된 나 자신에게 인도한다. 다른 사람들의 견해가 들어올 수 없는 곳, 나 스스로 세운 척도들조차 들어올 수 없는 곳에서 나는 완전한 나 자신이 될 수 있고 나의 신적 품위를 인지할 수 있으며 하느님과의 직접적인 만남을 확인하게 된다.

나는 다른 사람들이 결정한 '나' 때문에 고통을 겪는 사람들을 만나곤 한다. 그들은 다른 사람들이 모든 것을 결정해 버리기 때문에 자신에 대한 믿음을 성장시키지 못한다. 함께 일하는 동료나 상사가 그들을 지속적으로 비판하는가 하면, 변덕스런 이웃이나 불만으로 가득 찬 고모, 이모가 그들에게 부정적인 영향을 끼친다. 그런 사람들이 상담하러 오면, 나는 일단 이미 그들 안에 있는 고요의 공간에 관심을 돌리도록 노력한다. 그들이 그 공간에서는 어떤 힘도 그들 자신에게 영향력을 행사할 수 없다는 사실을 되새길 필요가 있기 때문이다.

그 공간에서는 그들에 대한 다른 사람들의 생각이 아무 의미도 없다. 다른 사람들이 그들에 대해 하는 말이나 비판, 거절, 요구, 기대 등은 그 안으로 들어올 수 없다. 정서적 영역은 민감해서 다른 사람들의 비판에 영향을 받곤 하지만, 그 비판이 들어올 수 없는 고요의 공간이 분명 내 안에 있다. 나는 그 공간에 대해 생각하는 것만으로도 자유로움이 내 안에서 샘솟음을 느낀다. 그 고요의 공간에서 나는 숨을 크게 들이쉴 수 있다. 다른 사람 또는 나 자신의 기대나 약속에 의해서조차 좌우되지 않는다.

나는 결혼 상담을 하는 사람들을 대상으로 영성과 상담에 관한 세미나를 개최한 적이 있다. 거기서 나는 심리학자들에게 영성은 단순히 신심 깊은 말을 하는 것을 의미하지 않고, 사람들을 그들의 참된 핵심으로, 아무도 침범할 수 없는 그들만의 고유한 품위로, 고요의 공간으로 이끌어 가는 것이라는 사실을 전달하려고 노력했다.

결혼 상담에 종사하는 사람들 중 몇몇은, 이미 결혼 생활에 금이 간 사람들에게는 효과적인 의사소통 방법을 가르쳐도 긍정적인 결과를 얻기는 거의 불가능하다고 말했다. 도저히 남편과 대화가 안 된다며 깊은 상처를 입은 아내가 있는가 하면, 무조건 자신을 거절하는 아내에게 더 이상 아무 말도 할 수 없다는 남편도 있다. 이런 상황에서 남편이나 아내를 누구도 들어오지 못하는, 상처도 거절도

당하지 않는 자기 내면의 공간으로 인도해, 그 안에서 아무도 침범할 수 없는 자신만의 품위를 발견하고, 손상되지 않은 건강한 상태의 자기 자신을 발견하게 하는 것은 매우 효과적이다. 우리 안에 이런 공간이 있다는 사실을 생각하기만 한다면, 이미 입은 상처나 거절에도 불구하고 자신에 대한 새로운 가치를 느낄 수 있으며 아무도 빼앗을 수 없는 품위를 발견할 수 있다.

때때로 자신을 다치게 하거나 괴롭히며 지속적으로 부담을 준 사람들을 자기로부터 몰아내는 것이 도움이 된다. 이때 화는 우리에게 힘을 행사하는 사람을 몰아내고 고요의 공간이 하느님으로 채워지도록 하는 데 긍정적으로 작용할 수 있다. 우리는 주변 사람들이 자기 내면의 공간으로 들어오지 못하도록 방어해야 할 때가 있으며, 그들에게 그러한 사실을 알려야 한다.

하느님이 계시는 우리 안의 공간, 하느님과 함께 우리가 편안히 머무는 그 공간에는 누구도 밀고 들어올 권한이 없다. 여성 상사로부터 끊임없이 괴롭힘을 당하는 한 여인이 나를 찾아왔다. 남편과 저녁 식사를 하면서도 오직 자기 삶을 지옥으로 만드는, 그러나 도저히 어떻게 해볼 도리가 없는 그 상사에 관한 내용이 대화의 전부라고 했다. 나는 그녀에게 이렇게 말해 주었다. "나 같으면 그녀에게 저녁 식사에서까지 나를 괴롭히는 영예는 허락하지 않겠습니다. 그녀가 당신의 집안으로 들어오지 못하게 하십시오. 그녀는 그렇게까지 중요한 존재가 아니니까요."

화를 우리 안으로 밀어 넣거나 화로 인해 폭발하는 대신, 그 화를 잘 활용해 우리를 지속적으로 괴롭히는 사람을 멀리하고 내면에서 그를 몰아내는 데 도움이 되도록 해야 한다. 어떤 사람들은, 이는 그리스도인이 취할 행동이 아니라고 한다. 그리스도인은 용서해야 한다는 것이다. 그러나 용서는 화의 말미에 오는 것이지 처음부터 하는 것이 아니다.

나를 괴롭히는 사람이 여전히 내 마음속에 자리하고 있는데도 용서하는 것은 자신을 학대하는 것에 지나지 않는다. 그런 행위는 자기 자신을 다치게 할 수도 있다. 그와의 거리를 유지하고 난 뒤, 즉 그를 나 밖으로 내던지고 나서야 비로소 그 사람 역시 상처 입은 한 영혼에 지나지 않는다는 사실을 깨닫게 되고, 그를 진정으로 용서할 수 있게 되는 것이다.

다른 사람을 내 안에서 몰아내는 것은 내 안에 있는 고요의 공간을 인지하기 위한 첫걸음이다. 동시에 그것은 그 안으로 강제로 들어오려는 모든 시도들에 대한 방어이기도 하다. 그러나 방어만으로는 충분하지 않다. 나는 내 마음을 점령하고 있는 사람들과 나 자신의 생각과 계획을 묵상을 통해 나의 내면에서 몰아내야 한다. 나는 내면의 참된 고요를 확보하고 내 안으로 들어가 이렇게 다짐해야 한다. '내 안에는 나를 넘어서는 신비가 있다. 나의 내면으로 들어가 내가 만나는 것은 내 삶의 역사와 문제들만이 아니다. 그런 것들보다 더 깊은 곳에 고요의 공간, 신비의 하느님께서 거주하시는 공간이 있다. 바로 그곳에서 나는 진정한 안식을 누릴 수 있다. 내 안의 그곳에서 나는 깊은 평화를 누릴 수 있다. 일상의 소동과 내적 무질서 아

래에 그 고요의 공간이 있다.'

4세기의 저명한 수도자이자 저술가였던 에바그리우스 폰티쿠스Evagrius Ponticus는 그 공간을 하느님의 장소, 천상 예루살렘이라고 생각했다. 예루살렘은 '평화를 바라보다'라는 의미이므로, 우리는 그 고요의 공간에서 "평화를 바라보는 곳에 도달해 우리의 마음을 지켜 주고 이해하는 존재를 바라본다."(Evagrios Pontikos, Briefe aus der Wüste, übers. v. Gabriel Bunge, Trier 1986, 39)

내 안에 존재하는 고요의 장소에 나를 맡기면, 그 안에서 자유와 믿음에 대한 느낌이 성장한다. 그때의 믿음은 남에게 보이기 위해 꾸며 낸 것이 아니라 내적 자유에서 오는 참된 것이다. 이제 나는 다른 사람과 투쟁하지 않고 자유를 누리게 된다. 내 안에 아무도 좌지우지할 수 없는, 하느님만이 계시는 공간이 있기 때문이다. 하느님이 계시는 그곳에서 나는 참된 나 자신을 만난다. 그리고 온전한 나 자신이 된다. 그곳에서 나는 보호를 받는다. 나 자신의 가치가 성장하는 가운데, 나는 점점 더 나 자신과 일치를 이룬다.

  모든 종교적 길은 우리가 자신의 가치를 느끼도록 서서히 인도한다. 스스로에 대해 믿음과 가치를 금방 갖도록 하는 영성적 방법은 존재하지 않는다. 언제나 훈련을 통해서, 그것도 매우 서서히 그 길로 나아갈 수 있을 뿐이다. 마음에 변화가 일어날 때까지, 마음속의 두려움을 완전히 떨쳐 버릴 수 있을 때까지 하느님의 말씀을 여러 번 되풀이하며 묵상해야 한다. 다른 사람들의 견해나 자신의 초자아로부터 자유로움을 느끼기 위해서는, 기도를 통해 우리 안에 존재하는 고요의 공간과 언제나 새롭게 만나야 한다. 그 훈련의 길을 성실하고 신중하게 걸어간다면, 우리 내면에 자리하고 있는 자기 가치에 대한 건강한 느낌이 성장할 것이다. 우리는 생명과 함께 받은 자신의 가치에 대한 느낌을 상실한 채 살아가는 저주받은 존재가 아니다. 하지만 그것은 오직 훈련을 통해서만 얻을 수 있다.

  믿음은 우리가 스스로에 대한 믿음과 가치를 배우기에 매우 적합한 학교이다. 그러나 다른 모든 학교와 마찬가지로 이 학교에서도 훈련과 인내가 필요하다. 게다가 믿음은 심리학적 실제를 무시하고 건너뛰어 작용해도 무방한 것이 아니다. 믿음을 지닌 우리는 자기 가치에 대한 느낌을 손상시킨 상처들과 화해해야 한다. 믿음을 가진 자로서 우리는 심리학적 도움을 활용해야 한다. 그러면 우리는 믿음 안에서 이 모든 것을 넘어서, 하느님이 만들어 주신 참된 우리 자신과 만나는 길을 발견할 수 있다. 믿음 안에서 우리는 심리학적 영역을 넘어설 뿐 아니라, 앞으로 더 나아가 마침내 초인격적 영역, 하느님이 우리 안에 거주하시는 공간, 완전한 나 자신으로 있을 수 있는 공간을 발견한다. 내가 참된 나 자신을 만나면, 나 자신의 가치를 느끼게 된다. 이것은 실패와 상처 때문에 파괴되지 않는다. 그것은 세상의 무엇도 힘을 행사할 수 없는 나의 신적 핵심에 대한 느낌이다.

2부_
무기력을 조절하기

우리 시대에는 정치·사회적 상황이나 세상의 부조리, 테러나 전쟁에서 비롯된 전형적인 무기력 등 다양한 무기력이 존재한다. 1960년대에는 낙관주의와 미래에 대한 희망이 지배적인 분위기였다. 그러나 그 이후 찾아온 정치·경제·사회적 정체는 무한한 발전에 대한 꿈에 "끝을 알 수 없는 엄청난 낭떠러지를 안겨 주는 듯했다. 이는 젊은이들이 가진 미래에 대한 희망과 그들의 자아성취 욕구를 송두리째 뒤흔드는 것이기도 했다. 그처럼 극복이 불가능해 보이는 부정적 현상들 앞에서는 미래에 대한 희망 대신 무기력만이 자리를 잡았다. 거기에 설상가상으로 자포자기 또는 자기 안으로 움츠러드는 현상까지 뒤따랐다."(Franz Müller, Ohnmacht, in: Praktisches Lexikon der Spiritualität, hrsg. v. Christian Schütz, Freiburg 1988, 942f)

자기 자신의 무력감을 체험하는 것은 인간의 본질에 속한다. 프로이트는 무기력과 곤궁에 대한 어린 시절의 체험을 바탕으로 이 문제를 깊이 연구했다. 그에 따르면 어린아이는 자신이 어머니와 외부 세계에 전적으로 의존하고 있음을 체험하고, 그 체험은 "곤궁과 분노, 두려움과 같은 부정적 느낌들을 불러일으킨다."(Heinz Henseler, Die Theorie des Narzißmus, in: Psychologie des 20. Jahrhunderts, Band II, hrsg. v. Dieter Eickem, Zürich 1976, 463)

어린아이가 어머니나 세상과 조화롭게 살아가는 과정을 거치고 나면 "무력감의 체험이 반드시 찾아온다. 신화에서 천상의 천사가 낙원에서 추방되어 지상으로 쫓겨나듯, 극복하기 매우 힘든 과정이 아이에게 찾아오는 것이다."(같은 곳, 464)

이런 처지에 놓인 아이가 해결할 과제는 '무기력과 의존, 무가치, 바닥에 떨어진 듯한 체험'(같은 곳, 465)에 대해 건강한 자의식을 발전시킴으로써 응답하는 일이다. 그 과정에서 세상 사람들과 자신의 본능에 대한 무력감을 체험하고 나면, 아이는 두려움을 알게 된다.

어린아이가 성숙해 가는 과정에서는 무력감과 스스로의 가치에 대한 느낌, 자신에 대한 믿음 등이 서로 밀접하게 엮이며 작용한다. 자라면서 무력감과 곤궁을 겪지 않을 수는 없다. 다만, 어려움 속에서도 자신의 가치에 대한 느낌을 키우고 무력감을 체험하는 데서 오는 두려움을 믿음으로 극복해 나가는 것이 건강하게 성장하는 길이다.

다 자라 어른이 되어서도 체험은 스스로의 가치에 대한 부족감과 무력감으로 연결된다. 자기보다 더 많은 것을 더 빨리 잘 해내는 사람을 접하면 사람들은 자신이 그보다 무가치하거나 무능하다고 느낀다. 세상의 삶이 요구하는 바들을 충분히 소화할 만큼 자신이 성숙하다는 사실을 불신하는 사람들 역시 무능함을 느낀다. 그리고 그와 상관없이 무력함을 느끼는 사람도 상당수 존재한다.

1; 무기력한 느낌

사람들을 괴롭히는 모든 종류의 무기력한 느낌을 이 책에서 다 언급할 수는 없다. 따라서 무기력한 느낌들이 가장 빈번하게 일어나는 대표적 영역 세 가지만 여기서 살피고자 한다. 즉, 나 자신과 내 갈망에 대한 무기력, 힘을 지닌 다른 사람들에 대한 무기력, 세상의 상황에 대한 무기력이다.

나 자신에 대한 무기력

 우리는 자기 잘못과 약점 앞에서 무기력함을 느낀다. 잘못을 극복하고자 온갖 노력과 실천을 하지만 언제나 같은 잘못을 되풀이한다. 가령, 다른 사람들에 대해 어떤 말도 하지 않기로 결심하곤 하지만 그런 결심이 무색하게 기회만 있으면 다시 다른 사람들에 대해 말하고 만다.

 많은 사람들이 자신의 결심이 아무 성과도 없이 허망하게 깨지고 마는 것에서 고통을 겪는다. 고해성사를 볼 때마다, 피정을 할 때마다 사람들은 기도하는 시간을 좀 더 내겠다고 결심한다. 또는 벌컥 화를 내는 습관을 고쳐 보려는 훈련을 하는 등 나름대로 규칙을 세워서 노력한다. 하지만 2주도 채 지나지 않아 다시 나쁜 습관이 드러나곤 한다. 그래도 다시 같은 시도를 해보는데, 역시 아무 결과도 얻지 못한다. 이런 경험이 되풀이되면 무기력한 느낌이 생기지 않을 수 없다.

 한편, 자신의 두려움에서 무기력을 느끼는 사람들도 있

다. 그들은 두려움에 대한 책도 많이 읽고 심리 치료도 해 봤으며 자신이 지닌 두려움을 충분히 하소연하기도 했다. 그런데도 두려움이 일어나면 다시 무기력을 느낀다. 어떤 지식도 아무 도움이 되지 못한 채 속수무책으로 두려움에 사로잡힌다.

이런 경우엔 믿음도 별 소용이 없다. 자신이 하느님의 손안에 있다는 사실을 알지만 비행기 트랩을 올라가야 하거나 수술을 앞둔 상황에 놓이면, 이미 알고 있는 신심 깊은 말들도 전혀 도움이 되지 못한다. 다가오는 비이성적인 두려움 앞에서 그들의 믿음은 아무 힘도 발휘하지 못한다. 두려움은 맹수처럼 달려든다. 교활한 두려움 앞에서 머리와 가슴은 무기력하기 그지없다.

어떤 사람들은 자신의 감정에 대해 무기력을 느낀다. 질투심에 빠지지 않으려고 애쓰지만 마음에는 의지와 상관없이 질투심이 불같이 일어나 어떻게 할 수가 없다. 아내가 다른 남자와 다정하고 진지하게 이야기를 나누는 모습을 보는 순간, 또는 남자 친구가 다른 여자들과 더 많은 시간을 보낸 사실을 아는 순간 질투심은 솟아오른다. 그 아내나 남자 친구가 성실한 사람이기에 남편을, 여자 친구를 사랑하고 아끼고 있다는 사실만으로는 질투심이 사라지지 않는다. 비슷한 상황이 벌어질 때마다 질투심은 막무가내로 다시 일어난다.

그런가 하면, 성욕이나 식욕 앞에서 무기력을 느끼는 사람들도 있다. 극복하려고 아무리 애써도 소용이 없고 다시 본능에 지배를 당하고 만다. 결과는 언제나 참담하고, 그것은 무력감과 좌절감을 낳는다.

우울증에 시달리는 한 여성은 그러한 사실 자체에 대해서도 매우 짜증스러워했다. 심리 치료도 아무 도움이 되지 못했다. 누군가 그녀를 비판하기만 하면 그녀는 다시 우울증에 빠지곤 했다. 우울증에서 벗어나려고 이전에 심리 치료에서 얻은 좋은 생각들을 떠올려도 봤지만 도움이 되지 않았다. 그녀 자신이 생각해 내는 좋은 말이나 방법은 별로 쓸모가 없었다. 평소에 알고 지내는 사람을 만난다거나 몸을 움직일 수 있는 육체적인 일, 자전거 타기,

산책하기, 뭔가 보람 있는 일 등 우울증에서 벗어나는 데 도움이 되는 방법들은 우울증에 사로잡힌 순간에는 아무런 도움이 되지 않았다. 우울증이 밀려오면 모든 것이 허사가 되고 말았다. 그녀는 낯선 힘에 사로잡히기라도 한 듯 우울증에 빠져 무력감을 느꼈다. 우울증은 시시때때로 별다른 근거도 없이, 마치 마른하늘에서 비가 오듯 다가온다. 우울증을 막아 보려는 방법들에서는 물론이고, 우울증을 막을 수 없다는 사실에서도 무기력을 느꼈다.

정신 질환을 앓고 있는 사람들 역시 자신의 병에 대해 무력감을 느낀다. 어떤 여성은 자꾸 씻고 싶은 결벽증에 시달린다. 여러 가지 심리 치료를 해봤지만 그 병을 고치지 못했다. 그녀는 방석이 깔린 의자에 앉기만 해도 샤워를 해야 했다.

이상의 사람들뿐 아니라, 우리도 무력함을 느끼는 강박 관념들을 가지고 있다. 밤마다 문이 제대로 잠겨 있는지 몇 번씩 다시 살펴보아야 하는 사람이 있고, 자기 책상 위에 놓인 물건들이 모두 제자리에 있는지 몇 번씩 확인해야 직성이 풀리는 사람도 있다. 또 우리는 우리를 향해 날아오는 비판에 민감하게 반응하며 그런 자신을 볼 때마다 기분이 언짢아진다. 그렇지만 달리 방법이 없다. 대화 도중에 언급되는 특정 문제가 자신에게 해당된다고 느끼면, 또는 그것이 자신의 상처를 건드리는 문제이면 소리를 질러 대기도 한다. 우리가 어찌할 바를 몰라 하는 심리적 요소들은 이루 헤아릴 수 없이 많다. 자신의 상처는 결코 치유될 수 없을 것이라는, 그래서 삶은 그들에게 점점 더 상처를 입힌다는 느낌 때문에 많은 사람들이 고통을 겪는다.

원인이 어린 시절로 거슬러 올라가는 무력감도 많다. 부모가 싸우는 것을 볼 때 아이들은 무기력을 느낀다. 싸움을 말려 보려 애썼지만 소용이 없었기 때문이다. 아이들은 얻어맞을 때도 무기력을 느낀다. 어른들이 가하는 무자비한 폭력 앞에서 아이는 무기력하다. 자신을 방어할 방법을 알지 못하는 아이는 무기력한 분노에 사로잡히고, 살아남기 위해 아픔에는 무조건 마음의 문을 닫아 버리게 된다. 정의롭지 않은 처사를 당할 경우에도 아이의 저항은 대개 아무런 소용이 없다. 아이는 불의한 처사 앞에 무력하게 내던져져 있다.

한편, 어머니의 관심을 끌기 위해 온갖 노력을 기울였는데도 관심을 받지 못하면 아이는 무기력을 느낀다. 또 어린 시절에는 대부분의 우리가 그렇듯이, 부모에게 자기 뜻을 제대로 주장하거나 요구 사항을 관철시키기가 거의 불가능하다. 그리고 어른이 되어 전능한 부모나 교사를 연상시키는 사람을 만나 자신이 아랫사람임을 느낄 수밖에 없을 때, 불공평하게 취급될 때 우리는 또 무력감에 빠진다.

내게 상담하러 온 한 여성은 어릴 때 어머니가 아버지를 함부로 대하며 몹시 비난한 기억을 갖고 있었다. 그녀 자신도 어머니로부터 형편없는 취급을 받았다. 그녀는 그런 어머니 앞에서 언제나 무기력했고 자신의 가치를 발견할 기회를 얻지 못했다. 어른이 된 후에도 그녀는 어머니를 연상시키는 여성들을 만날 때마다 몸이 마비되는 것을 느꼈다. 그녀가 아는 모든 심리학적 지식도 그녀의 무력감을 떨쳐 내는 데는 도움이 되지 못했다.

깊은 고독을 느끼는 순간에도 어린 시절의 무력감이 되살아날 수 있다. 나는 오직 나 자신에게만 의존할 수 있으며, 결국 아무도 나를 제대로 이해하지는 못한다는 사실을 느낄 수 있다. 즉, 나는 혼자일 뿐이며, 누구도 내 감정을 이해하지 못하고 내가 원하는 바를 알아채지 못한다고 느낀다.

현실에서 겪는 일들에서 지나친 무력감을 느낀다면, 우리는 어릴 때 그와 비슷하게 느낀 체험들이 다시 떠오르는 것이 아닌지 살펴볼 필요가 있다. 과거의 기억을 회상한다고 해서 무력감을 떨쳐 버릴 수 있는 것은 아니지만, 무력감을 고찰하고 극복하는 데는 큰 도움이 될 수 있다. 즉, 그런 작업을 통해 최소한 자신의 감정을 좀 더 잘 이해할 수는 있다. 따라서 무력감이 들어도 더 이상 자신을 거부하지 않게 된다. 아울러 무기력에 관한 대화와 이해도 무기력 해소에 도움이 있다. 무력감이 어디서 오는지를 알고 나면, 무력감은 힘을 잃어 우리가 수월하게 다룰 수 있게 된다.

타인에 대한 무기력

다른 사람에게 무기력을 느끼는 경우도 많다. 이 역시 어린 시절의 체험에 그 근원이 있는 경우가 종종 있다.

한 여인이 자기 어머니에 대해 무력감을 갖고 있다. 그녀는 어머니를 상대로 자신을 지켜 나가지 못한다. 어머니가 그녀를 비난하거나 그녀의 민감한 부분을 건드리기만 하면, 그녀는 온몸이 마비되는 것 같은 느낌이 들었다. 상담을 통해 얻은 어머니를 극복하는 방법들이나 어머니와 거리를 유지하려는 전략들은 그 순간 아무런 도움이 되지 않았다. 어머니는 이전부터 딸의 약점을 잘 알고 있었다. 즉, 여태 애인도 없다는 비난을 가하면 딸은 백발백중 풀이 죽어 어머니의 영향력에서 헤어날 방법을 찾지 못하고 기가 꺾이곤 했던 것이다.

어떤 남자는 아버지에게 무기력을 느낀다. 그 아버지는 매우 유능한 사람으로, 못하는 일이 없었고 아들이 성취한 가치를 언제나 하찮게 여겼다. 아들은 아버지의 인정을 받으려고 더욱더 애를 썼지만 아무것도 이루지 못했다. 아들은 아버지의 기대를 채울 수가 없고 아버지의 빈정거림과 무자비한 평가에 자신을 방어하지도 못한다.

상사 앞에서 자기주장을 하지 못하는 남자도 있다. 그는 상사가 고함을 질러 대면 깜짝 놀라 몸을 움츠리며 불평을 하지만 결국 상사가 원하는 대로 한다. 그는 자신이 할 수 있는 것과 할 수 없는 것에 대해 말해야 한다고 늘 마음먹긴 하지만, 상사가 호통을 치면 예외 없이 물러서고 만다.

한편, 자기와 동등한 사람에 대해서도 무기력을 느낄 수 있다. 한 여학생은 동급생이 자기에게 학생이면 학생답게 공부 좀 하라고 채근할 때마다 무력감을 느꼈다. 다른 사람의 죄의식을 자극하는 것은 그에게 힘을 행사하려는, 극히 계산적인 행동이다. 거기에 저항해 자신을 내세울 수 있는 사람은 좀처럼 없다. 우리 가운데 부족함 없는 사람은 없기 때문이다. 우리는 모두 언제나 다시 죄를 범할 수 있는 평범한 인간에 지나지 않는다.

우리가 어떤 뜻을 이루기 위해 밀고 나갈 때, 누군가가 우리에게 죄의식을 느끼도록 부추긴다면 모면하기가 참으로 어렵다. 머리로는 올바르게 일했다는 것을 알고 있더라도 죄의식은 우리를 괴롭힌다. 죄의식은 우리 몸 안에 주삿바늘로 집어넣은 독약과 같다. 우리는 그것으로부터 벗어날 수 없다.

부모가 자녀에게 이런 죄의식을 심을 때도 있다. 아파 누워 있는 어머니가 딸에게 "나를 돌보지 않는 건, 나를 무덤에 집어넣는 것과 다를 게 없다. 나를 이렇게 혼자 두다니, 내가 네게 해준 모든 것에 대한 보답이 겨우 이거냐?" 하고 말한다면 딸은 그 상황에 붙들려 결국 무엇인가를 하지 않을 수 없게 된다. 그 순간 죄의식이 그녀의 마음속에서 떠오른다. 만약 어머니가 돌아가시기라도 하면, 그녀는 어머니를 충분히 배려하지 않은 데 대해 두고두고 자기 자신을 비난하게 될 것이다. 그녀는 잔뜩 화가

난 채 어머니에게 달려가 이것저것 돕는다. 그리고 죄의식 때문에 자신의 행동이 결정된 데 짜증을 느낀다.

불행한 관계에 놓인 사랑하는 사람들도 무기력을 느낀다. 그들은 남편이나 아내 또는 남자 친구나 여자 친구를 사랑하지만, 상대가 예상치도 못한 때에 내뱉는 비난과 비판, 무시와 모욕, 벌컥 쏟아 내는 분노에 점점 더 휘둘리게 된다. 그들은 사랑하는 파트너와 좋은 관계를 유지하고 싶지만, 상황은 점점 더 견디기 어려워진다. 관계를 좋게 하기 위해 할 수 있는 일을 다 해보지만 아무 효과도 없다. 그런 상황에서 그들은 무력감을 느낀다. 하지만 파트너를 사랑하는 감정에서 해방되지도 못한 채, 서로에게 여전히 의존하고 영향을 주며 원하는 방향으로 관계를 이끌어 나가지 못한다.

결혼 생활에 관해 상담해 주는 사람들은 그들을 방문한 부부들의 상당수가 서로 원활한 대화를 나누거나 문제를 창조적으로 해결하는 데 무력감을 느낀다는 사실을 경험을 통해 잘 알고 있다. 그들 각자가 좋은 의지를 갖고 있음에도 불구하고 그들의 대화는 원만하지 않다. 그들은 자기 자신의 감정에 대해서 무기력을 느끼고 상대방이 가해 오는 상처와 모욕에도 무력하다.

세상에 대한 무기력

흔히 우리가 말하는 무력감의 대부분은 세상에 대해 느끼는 무력감이다. 많은 사람들이 주체가 누구인지 알 수 없는 무명의 관료주의에 무기력을 느낀다. 정치가들은 관료들이 국민에게 좀 더 친절하고 국민을 먼저 생각하도록 노력한다고 하지만, 우리는 국민의 일반적 이해의 범주를 넘어서는 관료주의 또는 경쟁에서 패배한 사람에게 무자비한 관료주의를 접할 뿐이다.

핍박받을 것을 뻔히 알면서도 정치적 망명자들을 본국으로 돌려보내는 관료들의 비인간적인 조처에 대해 많은 사람들은 무기력을 느낀다. 당국자들을 설득하려는 모든 노력은 법률이라는 넘어설 수 없는 철벽 앞에서 힘을 잃고 만다. 공무원들은 어떤 종류든 법규를 핑계 삼아 참호를 파고 그 안에 숨은 채, 마음은 돌덩이처럼 굳어 버린다.

교회는 그런 무력감을 극복하고자 망명자들을 도우려 하고 있으며, 공간 등을 제공하는 교회의 시도들은 많은 사람들에게 자유롭고 신선한 바람을 불어넣는 역할을 한다.

텔레비전을 통해 접하는 르완다나 보스니아의 상황 앞에서 많은 사람들은 무기력을 느낀다. 그리고 그들은 상황을 그처럼 몰고 가는 정치가들을 비난하면서 자신의 무기력을 표현하려고 시도한다. 그러나 거기서 그치고 말뿐이다. 그들은 집요하게 자기들의 의지를 관철시키지는 못한다. 돈을 보냄으로써 마음의 부담을 덜어 보려는 사람이 있기도 하지만, 상상도 할 수 없는 엄청난 불의가 우리 주변에서 일어나고 있다는 데 대한 무력감은 여전히 남는다. 그들은 이미 오래 전에 지나간 줄로만 알았던 잔인한 행위들에 대해서도 무력한 상태로 방치되어 있다. 어린아이들은 울부짖고 어머니들은 어찌할 바를 모르며 고통스러워한다. 폭행을 당한 여성들과 부상병들, 총에 맞아 죽은 사람들, 시체 더미의 비참함을 보게 된다. 이런 불행을 막기 위해 어떤 조처도 취할 수 없다는 것은 사람을 마비시키고, 깊은 무력감에 빠지게 하며, 좌절하고 우울증에 걸리게 한다. 사람들은 이런 현상이 그치도록 열성을 다해 기도하지만, 하느님은 침묵만 지키시는 것 같다. 밤새워 기도한 날들이 수없이 많지만, 보스니아에서 일어나고 있는 일들은 변함이 없다. 르완다 사람들은 수많은 기도와 노력에도 불구하고 계속 죽어 간다.

제3세계를 돕기 위해 노력하는 정치가들은 그들을 실질적으로 돕는 일에서 무기력을 체험한다. 탄자니아에서 수십 년 동안 일한 선교사들은, 그들이 그곳에 도착할 당시나 지금이나 어떻게 하면 그곳의 삶을 지속적으로 개선할 수 있을지 정확한 답을 찾지 못하고 있다. 그리고 그들은 제3세계의 잘못된 구조뿐 아니라, 세계 무역의 구조가 가난한 나라의 빚만 더 증가시켜 지구촌의 부가 공유되지 못하고 있는 상황에 대해서도 무력감을 느낀다.

제3세계 사람들은 열심히 노력하지만, 그들에게 돌아

오는 빵은 여전히 작기만 하다. 제대로 작동하는 경제 체제를 만들기 위해 긴 시간 동안 많은 노력을 기울여 겨우 어느 정도 궤도에 올려놓으면 부족 사이의 갈등으로 모든 것은 수포로 돌아가고 만다. 아프리카에 평화를 정착시키고 경제적 부흥을 이루려는 모든 노력이 허사로 돌아가는 듯 보인다.

심지어 일부 정치가들은 아프리카를 죽어 가는 대륙으로 간주하기도 한다. 이런 상황을 개선하기 위해 노력하는 가운데서 느껴지는 무기력은 때로 숙명처럼 여겨지기까지 한다.

심리학자나 영적 지도자들은 시대의 상황을 분석한다. 그들은 텔레비전이 아이들의 정신을 얼마나 해치고 있는지, 컴퓨터 게임이 아이들의 마음을 얼마나 경직시키는지, 따뜻함과 안식처를 찾지 못하는 상황이 사회 안에 얼마나 많은 폭력을 불러일으키는지를 본다. 그들은 우리 사회에 존재하는 수많은 놀라운 경향들을 발견하지만 그런 것들을 개선할 대책을 세우는 데 있어서는 무력감을 느낀다. 아무도 그들의 경고에 귀 기울이지 않는다.

현대에 발생하는 위험 요소들에 사람들은 무감각하다. 경고의 목소리도 점점 사라지고 있다. 증가하는 폭력과 낯선 사람들에 대한 증오를 개선하려는 노력은 결실을 맺지 못하고, 그 바람에 그런 노력을 기울이는 사람들의 무력감만 더욱더 커지고 있다. 사람들은 이제 개선을 위한 투쟁마저 포기하려 한다. 결과를 낳지 못하는 노력은 무의미하다. 아무도 올바른 소리에 귀를 기울이지 않는다. 사람들은 희망적이고 듣기에 좋은 말, 예언자들의 목소리에만 귀를 기울이며 안주하려 한다.

복지 병원에서 일하는 한 간호사는 식물인간으로 누워 있는 사람들에게 기구를 이용해 음식을 먹이고 돌본다. 그녀의 일은 점점 더 많아졌다. 그녀는 의식이 없는 상태에서 인위적으로 목숨만 연장시키는 것은 삶의 목표가 될 수 없다는 점을 감지하게 된다. 환자를 돌보는 일은 더 복잡해지고 더 많은 수고를 요했다. 그런데 간호사들의 모든 노력은 허사로 돌아가곤 했다. 결정권을 의사들이 가지고 있기 때문이다. 환자 가족의 뜻과 달리, 병원에서 더 이상 환자를 돌볼 상황이 아니라고 판단하는 경우에도 의사들은 집에서 계속 인위적으로 음식물을 제공하며 환자의 목숨을 연장시키도록 한다. 간호사들은 의사들의 그런 결정이 환자의 가족들에게 더 많은 고통을 줄 뿐 아니라, 자신들도 그것을 감당하기 어렵다는 사실을 알지만 어쩔 수가 없다. 인간의 이성에 호소해 봤자 아무 결실도 맺을 수 없다. 이처럼 어떻게 해볼 여지도 없이 그저 무기력만 느껴야 하는 상황들이 많다. 즉, 발전하기를 멈추고 잘못된 방향으로 치닫고 있는 것이다.

내가 잘 아는 본당 신부 두 사람은 각자의 본당 공동체를 활성화하기 위해 많은 노력을 기울인다. 그러나 그들의 수고는 별다른 성과 없이 물거품이 되고 만다. 교우들을 위해 본당 신부가 애써 특강이나 대화의 시간을 마련해도 미사에 참석하는 사람들의 수는 줄어들 뿐이다. 그런 이유로 일선 사목 현장에서 일하는 사람들 가운데 좌절하는 이도 있다. 그들은 무너져 내리는 모래 더미를 상대로 싸우는 듯하다. 그들이 어떤 노력을 기울여도 공동체는 점점 더 잘게 부서져만 간다. 그들은 세상의 정신에 대해, 엄습하는 비그리스도교적 경향에 대해 무기력을 느낀다. 그리스도교적 정신으로 아이들을 키우려고 애쓰는 부모들 역시 비슷한 느낌을 갖는다. 시대의 경향을 거슬러 싸우는 일에서 그들은 이길 수가 없다. 그래서 그들은 아이들이 더 이상 교회에 나가지 않고 다른 길을 찾아 나서도 무력하게 바라볼 수밖에 없다.

2: 무기력한 느낌에서 발생하는 것

무력감을 잘 견딜 수 있는 사람은 없다. 자신에게 부정적인 영향을 미치는, 다 포기하고 주저앉고 싶은 느낌에 대해 사람들은 다양한 반응을 보인다.

분노와 폭력

무기력에 대해 분노하기도 한다. 사람이 다른 사람에 대해 무력함을 느끼면 마음속에서 알 수 없는 분노가 솟구치는 경우가 종종 있다. 그럴 때는 분노의 대상을 주먹으로 한 방 치고 싶은 생각이 간절하다. 도손Dawson은 어린 시절에 아버지에게 얻어맞을 때의 기분이 되살아날 때마다 그런 충동을 느꼈다. 존 브래드쇼John Bradshaw는 도손이 이웃 동네에 초대되지 않은 손님으로 놀러갔다가 그를 괴롭히는 어떤 남자의 턱을 부숴 버린 이야기를 했다. 그는 혹시 얻어맞지 않을까 하는 걱정에 그 남자를 자기 아버지와 동일시했던 것이다. "어릴 때 무지막지하게 얻어맞았던 기억을 떠올리게 하는 상황에 처할 때마다 그의 내면에는 어린 시절의 무력감과 두려움이 되살아나곤 한다. 그러면 도손은 폭력을 휘두르는 아버지로 변하여 아버지가 자신에게 매질한 것과 같은 방법으로 다른 사람을 다치게 한다."(John Bradshaw, a. a. O., 30)

극우파에 의한 폭력, 외국인에 대한 폭력 등 사회와 학교에서 폭력이 증가하는 현상은 틀림없이 복합적인 원인이 있을 테지만 그중 하나는 교육이다. 어린이는 관심을 제대로 받지 못하면 관심을 끌기 위해 두드러질 만한 일을 찾게 된다. 또 무시를 당하거나 두들겨 맞으면 자기도 폭력을 사용하려 든다. 상처 입은 아이는 자신의 상처를 다른 아이들에게 전달한다. 어린 시절에 받은 상처를 제대로 소화하고 정리하지 못했다면, 우리 역시 다른 사람에게 상처를 입히는 불행을 저지르게 된다. 청소년 중에는 평소에는 자신의 가치를 거의 느끼지 못하다가 폭력을 행사할 때만 자기 가치를 느끼는 경우도 있다.

사회를 변화시킬 능력이 없다는 것을 체험한 무력감 역시 폭력의 원인이 된다. 즉, 직업을 구하지 못한 청소년이 특별히 하는 일도 없이 자기 삶의 의미를 찾지 못한 채, 주변의 무관심 속에 있을 때 폭력은 특히 더 증가한다. 그때의 폭력은 자신의 나약함과 무가치함에 대한 서글픈 느낌의 표현이다. 그들은 폭력을 행사함으로써 주변의 관심을 끌려고 한다. 많은 청소년들이 말로 자신을 방어하는 법을 충분히 배우지 못해 폭력을 유일한 방어 수단으로 사용한다. 어떤 청소년은 자신이 필요한 것을 표현할 적절한 말을 찾지 못해 폭력을 휘둘러 대는 것으로 자신의 욕구를 표현하고 채우려 들기도 한다.

자신을 다스릴 수 있는 능력을 가진 사람은 폭력을 통해 주변의 관심을 끌려고 할 필요가 없다. 그러나 자신 안에, 그리고 자신에 대해 힘을 지니지 못한 사람은 자신이 위대한 존재란 것을 남에게 드러내기 위해 외부로 힘을 과시하고 다른 사람을 짓밟는다. 그는 자신의 힘을 느끼기 위해 다른 사람들에게 폭력을 행사한다.

잔인성

자신의 잘못이나 약점에 대해 무기력을 느낄 때 분노로 반응하는 사람이 종종 있다. 그들은 자기 자신을 거슬러 화를 내고 자신을 잔인하게 다루려고 한다. 또 자신의 본능에 무기력을 느끼는 사람들은 자기 자신을 거슬러 무자비하게 싸움을 벌인다.

어떤 사람은 자신의 성적 활력을 폭력으로 다스리려 하지만 목적을 이루지 못한다. 성적 활력이 내면에서 계속 반응하면 잔인성은 종종 그의 양심을 파고든다. 그는 자신에게 무자비한 재판관이 되어 머릿속에 성적 상상들을 그려 대는 자신을 심판할 뿐 아니라, 성생활을 하는 다른 사람들까지 마구 비난한다. 다른 사람에게까지 지나치게 엄격한 윤리·도덕적 사도가 되는 것이다.

스위스의 심리 치료가인 푸러Furrer는 억압된 성적 활력이 종종 잔인성을 낳는다고 말했다. 특히 윤리·도덕가들에게서 자주 나타나며, 그들은 사람들에게 계율을 무자비하게 강요하고 그것을 제대로 지키지 못하는 사람들을 엄하게 심판한다. 그들은 다른 사람들이 어떤 종류의 성생활을 하는지 예리한 눈으로 주시하다가 조금이라도 잘못이 눈에 띄면 잔인하게 심판하고 박해하는 것을 즐긴다. 가령, 미국인들의 청교도적 자세는 공적 직무를 수행하는 사람들은 성생활에서도 정도를 넘어서는 안 된다는 경향으로 확대되기도 했다.

지금도 성생활의 영역에서는 폭력이 예나 다름없이 많이 발생한다. 놀랍게도 수많은 여성들이 어린 시절에 성폭행을 당한 경험이 있다. 그런 폭행을 가하는 남자들은 대개 성적 활력을 다스리는 능력을 갖지 못해 자신을 억압하다가 결국에는 약한 어린이들에게라도 성욕을 분출하고 마는, 스스로에 대해 무기력한 사람들이다.

성폭행의 정도와 범위는 참으로 놀라울 정도로 확대되고 있는데, 요즈음은 성폭행에 대한 폭행까지 벌어지고 있다. 성폭행에 무관한 사람들에게까지 죄를 뒤집어씌우고 책망을 가하는 경우도 있다. 이런 비난에 대해 누구도 완벽하게 자신을 방어하지 못하기 때문에 무기력할 수밖에 없고, 비난 자체가 벌써 단죄를 가하는 행위가 된다. 성폭행이나 성폭행에 대한 잘못된 폭행은 모두 자기 자신의 성적 활력과 다른 사람의 성적 활력에 대한 무기력을 드러내는 것이다.

엄숙주의

무력감은 언제나 엄숙주의로 향한다. 이는 모슬렘의 근본주의를 추종하는 교인들에게도 해당되고, 자신에게 분노하여 엄격한 자기 수련을 하는 그리스도인들에게도 마찬가지로 해당된다. 모슬렘의 근본주의자들은 밀려오는 서방 세계의 영향력에 대해 무기력을 느낀다. 그래서 그들은 폭력으로 울타리를 쳐 그것을 막아 보려고 한다.

근본주의적 성향을 지닌 일부 그리스도인들 역시 이러한 시도를 한다. 그들은 나름의 그리스도교적 이상을 온전히 채워 나가는 데 무력감을 느낀다. 그래서 자신들이 속한 사회에 존재하는 모든 비윤리적 요소들과 소리 내어 싸움을 벌이는 것으로 무기력을 덮어 보려 한다.

신교의 복음 교회에 속한 일부 단체들은 신도들에게 무자비한 심판을 가하고, 신도들이 복음과 윤리적 규정에서 조금이라도 벗어나면 심한 비난을 던진다. 한편, 가톨릭 교회에서 마리아를 공경하는 군대라는 단체는 자기들이 생각하는 표상대로 마리아를 서술하지 않고 성경에 기록된 대로 서술하는 사람들을 비난한다. 이들은 교회의 권위를 지닌 사람에 대해서도 비난하기를 주저하지 않는다.

보수주의적 성향을 지닌 되프너Döpfner 추기경은 교회의 점진적 발전을 선호하며 성모 신심이 강한 사람이다. 그런데 그는 빌헬름 빌름스Wilhelm Willms와 페터 얀센스Peter Janssens가 뮌헨에 있는 성 보니파츠 수도원Abtei St. Bonifaz에서 뮤지컬 '아베 마리아'의 공연을 허용한 것 때문에 심한 비난의 편지를 수없이 받아야 했다. 독일 주교회의의 의장이자, 개인적인 신심도 깊은 되프너 추기경조차 마리아 군대에 속한 사람들의 표상에 일치하지 않을 때에는 매우 모욕적인 비난을 받아야 했던 것이다.

마치 군대의 조직처럼 엄격한 규율을 지닌 단체에 속한 그리스도인과 대화를 나누기는 참으로 어렵다. 그들이 좋은 의도를 지니고 있음은 틀림이 없다. 그들은 자기들이 예수님의 복음을 대변하고 순전히 복음 전파를 위해 투쟁하고 있는 것으로 믿고 있다. 그러나 그들의 투쟁이 얼마나 비그리스도교적으로 진행되는지 그들 스스로는 알지 못한다. 그들은 자신들과 다른 견해를 가진 사람들을 모욕적으로 비난하고 한밤중에 전화를 걸어 전화폭력을 일삼는다.

문제는 왜 그런 무자비한 그리스도인들이 대화의 장에 나오지 않으려고 하는지에 있다. 그들은 자신들이 살고자 하는 대로 살아가지 못하는 것에 대해 다른 사람들로부터 비난을 받고, 자신들의 무기력이 노출될까 봐 염려하기 때문에 그렇게 행동한다. 그들은 그리스도인답게 살려고 애쓰며 계명을 실천하려고 무진장 노력한다. 그러나 그들은 자기들이 도달하고 싶은 목표에 결코 도달할 수 없다는 현실, 그 무기력을 참지 못하는 것이다.

교회사를 들여다보면, 세상을 향해 윤리·도덕에 대한 뛰어난 설교를 한 이들 중 정작 본인들은 그 요구들을 실천하지 않은 경우가 허다했다. 윤리·도덕에 관한 그들의 설교는, 하느님의 계명을 지키는 일에 격렬히 돌진함으로써 자신의 무기력에서 벗어나려는 몸부림에 지나지 않았던 것이다. 그들은 자신의 그림자에 대해, 자기 마음속에 자리 잡고 있는 비윤리적 태도들에 대해 두려움을 지니고 있었다. 그래서 다른 사람의 비윤리적 생활을 공격함으로써 자기 안에 존재하는 두려움에서 도망치려고 한 것이다. 그들은 마음속에 있는 악마에 대한 두려움 때문에 다른 사람들을 악마로 몰아세웠다. 자기 안에 있는 무력감을 떨쳐 버리기 위해 다른 사람들에게 엄격한 윤리·도덕을 설교함으로써 그들에게 무자비한 힘을 가했다. 그들은 자신의 그림자를 두려워한 나머지 다른 사람들도 죄와 벌에 대해 두려워하게 만들려고 애쓴 것이다.

자책

무력감에 대한 반응으로 드러내는 분노와 폭력은 다른 사람뿐 아니라 자기 자신을 대상으로 삼기도 한다. 자신의 이상을 실현해 나가는 데 무기력을 느끼는 사람은 자기 자신을 종종 매우 엄격하게 다룬다. 그는 자신의 본능과 갈망을 제거하려 하고, 자기 자신이 작은 즐거움조차 누리지 못하게 한다. 그리고 계명들 중 하나라도 어기면 자신을 지속적으로 벌한다.

자책은 사고나 질병의 형태로 드러날 수 있고, 자신의 실패에 대한 반응으로 극도의 포기 또는 절제로 드러날 수도 있다. 잔인성은 종종 양심 안으로 파고들어 자리를 잡는다. 양심은 자신의 잘못을 무자비하게 심판한다. 그런 사람들은 무자비한 초자아의 심판대 앞에서 자신을 지속적으로 괴롭힌다. 그들은 하느님의 자비에 대해서는 믿음을 갖지만, 자기 자신에게는 매우 무자비하다. 자신의 사소한 잘못에도 크게 반응하며 심하게 단죄하고 스스로를 거스르는 정신적 테러를 가한다. 그들은 화를 내며 스스로에게 부정적 자기 수련을 강요한다.

어떤 여인은 음식을 지나치게 먹은 다음 단식으로 자신을 벌한다. 그녀는 폭식과 단식 사이를 시계추처럼 왔다 갔다 한다. 단식은 내적 자유를 얻는 데 효과적인 길로 알려져 왔다. 그러나 폭식을 벌하기 위한 단식은 자신을 모질게 다루는 것일 뿐이다. 그런 단식은 우리를 자유의 길이 아닌, 공격적이고 불편한 마음으로 인도한다.

체념과 절망

무기력한 체험에 대한 또 다른 반응은 체념과 절망이다. 자신의 잘못을 고쳐 보려고 언제든 다시 시도하지만, 얻는 것은 늘 실망뿐이다. 자신에 대한 지속적인 실망은 체념을 불러오고, 결국 투쟁을 포기한 채 큰 목표도 없이 그냥 살아가게 된다. 이상은 부서지고 만다. 모든 것이 아무 의미도, 목적도 없어지고 더 이상 전진하지 못한다. 외적으로는 계속 열심히 일하고 성취해 나가지만 삶의 근본적인 분위기는 절망이다. 그 절망과 마주치지 않기 위해 일에 매달린다. 그러나 절망은 하고 있던 일에서 손을 놓자마자, 고요함으로 돌아오자마자 다시 그를 지배한다.

체념과 절망은 종종 사람이 일에 매달리거나 놀이에 빠져 드는 원인이 된다. 체념과 절망은 행복한 웃음을 가득 담은 광고 속의 선남선녀들을 통해 우리를 주시하는가 하면, 사람들을 기쁨과 쾌활함으로 인도하는 관광 안내원에게서 만날 수도 있으며, 내적 공허함에서 도망치고자 밤낮으로 열심히 일에 매달리는 관리자의 얼굴에서도 만난다.

얄팍한 표면적 만족으로 끊임없이 자신을 찾아 나서거나 투쟁하기를 포기한 사람들도 있다. 자신을 포기하고 체념해도, 내면에서는 하느님께서 부르시는 완전히 다른 삶이 있다는 끊임없는 자극이 번져 나온다.

우리는 사회·정치적 영역에서도 체념과 절망을 만난다. 정치가와 경영인들은 자신들이 어떤 결과도 얻어 내지 못하는 것 때문에 세상에서 좀 더 나은 환경을 조성하고, 좀 더 많은 정의가 실현되도록 하려는 투쟁을 포기하고 만다. 그들은 우리가 화약통 위에 앉아 있는 것을 알지만, 그 사실에 대해 눈감은 채 일상의 업무를 계속한다. 정치가와 관리자들의 배경에는 절망적인 공허감이 자리 잡고 있지만, 언제나 바쁘게 활동하는 것으로 그 공허감을 덮어 버린다. 그들은 좋은 목적을 위해 언제나 부산히

움직이고 투쟁하지만 본질적인 투쟁은 포기한 상태이다.

    사람들은 누구나 이 세상에서 어떤 것을 참으로 성취하는 데 무력감을 느낀다. 사람들은 정치가들이 소리를 높여 외쳐 대는 것에서도, 그들이 이미 오래 전에 감지하고 포기한 무기력을 단지 높은 목소리로 감추려 하고 있다는 사실을 느낀다. 쉬지 않고 열심히 일만 하는 정치가나 경영자에게 비판을 가하면, 그들 대부분은 매우 민감하게 반응한다. 그때도 사람들은 그가 단지 빡빡한 표면적 일정으로 내적 무기력의 두려움을 덮어 두고 있다는 것을 감지해 낸다.

3: 무기력을 다스리는 길

첫 번째_ 인간적인 길

　무기력은 본질적으로 삶의 일부분이므로 피할 수는 없다. 대신 우리는 다양한 방법으로 무기력과 함께할 수 있다. 포기 또는 공격의 자세로 무기력에 대응할 수 있는가 하면, 무기력을 창조를 위한 도구로 활용할 수도 있다.
　우리가 무기력에 대해 능동적으로 대응한다면 오히려 무기력이 삶에 열매를 가져다줄 수도 있다. 우리가 세상과 우리 자신을 위해 할 수 있는 것을 행하도록 무기력이 우리를 자극하기 때문이다. 즉, 무기력은 좀 더 인간적인 세상을 만들어 나가는 데 좋은 생각들을 제공한다. 우리가 무기력에 대해 적극적으로 대처하기만 하면 무기력은 극복된다. 우리가 삶의 주도권을 쥐고 최선을 다할 수 있기에, 무력감은 더 이상 밀려오지 않는 것이다.
　이제 세상의 상황과 우리 스스로 느끼는 무기력에 대해 적극적으로 대처하는 방법을 살펴보자.

함께하는 길

  사회적 무기력을 극복하기 위한 시도는 그 사회에 속한 시민들이 주권을 갖는 일과 연관된다. 사람들은 극복할 필요가 있는 문제를 해결하기 위해 함께 모이고 단합한다. 예를 들어 살고 있는 지역의 하수도나 도로를 새로 낸다든지, 재개발을 하는 일들은 한 사람의 힘으로는 도저히 감당할 수 없는 일이지만 여럿이 함께하면 가능해진다. 즉, 정치인에게 영향력을 행사해 지역 사회의 발전 계획을 새롭게 세우도록 하거나 교통의 흐름을 다른 방식으로 조절하게 할 수도 있다.

  시민 단체들은 교섭 단체나 계파의 이익을 위해 더 바람직한 안이 아니라 그보다 못한 결정을 내리곤 하는 정치인들에 맞서 투쟁하기도 한다. 하지만 많은 시민 단체들 역시 어떤 것에 맞서 투쟁하기보다는 어떤 것을 위해 투쟁한다. 예를 들어 주택 단지에 유아원을 짓기 위해 투쟁하거나 환자와 어려움에 처한 이웃을 돕는 조직을 결성

하는가 하면, 어린이 놀이터와 거리 축제 등을 위해 노력한다. 이런 시민 단체의 활동은 정치가들에게는 사회의 요구를 무시할 수만은 없다는 사실을 각성시키는 한편, 국민에게는 이름 없이 머무는 세상에서 공동체를 형성해 더불어 살아가는 삶을 느끼도록 한다.

무기력을 극복하기 위해 함께하는 길은 좀 더 나은 의사 전달 방법을 찾아 시도하게 만들기도 한다. 회사나 본당, 가정, 수도회 등 모든 공동체는 자주 의사소통의 부족 때문에 어려움을 겪는다. 구성원들 사이에 대화가 원활하지 않은 상황에 도달하면 더 이상의 전진은 불가능해진다. 그런 상태의 회사는 그때까지 해온 대로 일하고 제품을 생산해도 더 이상 미래를 만들어 내지 못하며 사람들에게도 아무런 영향을 주지 못하게 된다. 당연히 새로운 아이디어도 더 이상 나오지 않는다. 이는 수도회나 본당 공동체에서도 마찬가지다.

사람들 사이에 대화나 의사소통이 원활하지 못하면 결국 삶은 메말라 간다. 각자 자신이 할 일들을 꾸준히 해 나간다고 해도 여럿이 함께는 아무것도 성취해 나가지 못하게 되고 만다. 그런 공동체에서는 어떤 창조적인 일도 생겨나지 않는다. 그럴 때 자포자기 상태의 구태의연한 일상에서 벗어나기 위한 노력은 새로운 의사소통 방법을 모색하는 시도가 된다. 사람들은 서로 각자가 지닌 느낌에 관해, 그리움과 열망에 관해, 가능성과 능력에 관해 대화를 나눌 수 있다. 그리고 미래에 대한 두려움과 꿈과 기대에 관해서도 대화할 수 있다. 그렇게 하는 동안 무기력에 대항해 그것을 극복할 수 있는 잠재력이 생겨난다. 그러다 보면 사람들은 어느 날 문득 희망을 가지고 미래를 바라볼 수 있게 되며, 공동체와 함께 세상의 한 부분을 새롭게 만들어 갈 의욕도 지니게 된다.

개인적인 길

무기력을 극복하는 개인적인 길들 가운데 하나는 자기 안에서 작업하는 것이다. 교회의 전통은 이를 '아스케제'

(Askese, 자기 수련)라고 불러 왔다. 전통은 이 단어로 우리 스스로 절제하며 좋은 습관과 건강한 질서를 통해 자신을 다듬어 나가야 한다고 가르친다.

아스케제는 본질적으로 수련 또는 훈련을 의미한다. 새로운 능력을 갖추기 위해 반복해서 훈련하고, 내적 자유를 획득하기 위해 수련하는 것이다. 오늘날 우리는 교육을 통해서만 우리 자신이 형성될 뿐, 달리 어떻게 해볼 수가 없다고 한탄하는 위험에 처해 있다. 아스케제는 본질적으로 어떤 것을 형성해 나가는 즐거움을 갖는 것이다. 즉, 자기 자신에 대한 감각을 가지고 타인에 의해서가 아니라 나 스스로 능동적으로 살아가는 감각을 갖는 것이다. 외부 세계와 나 자신의 열망들에 의해 나라는 존재가 형성되는 것을 무기력하게 보고만 있는 것이 아니라, 나 자신에 대한 힘을 스스로 조절해 나가는 것이다. 우리는 자신의 잘못과 약점에 아무 대책 없이 그대로 내팽개쳐져 있지 않다. 우리는 자신에 대해 어떤 일을 할 수 있고, 어떤 것들은 변화시킬 수도 있으며, 자신을 압박하는 것들

중 일부는 제거할 수도 있다. 그러다 보면 아스케제를 통해서 이룰 수 없는 한계 상황에도 도달하고, 새로운 종류의 무기력을 체험하기도 할 것이다. 또 아스케제로 자신을 완전히 제어할 수 없다는 사실도 체험할 것이다. 그럴 경우 무기력은 체념의 원천이 아니라, 은총을 체험하는 장소가 된다.

어떤 사람이 자신의 두려움이나 열망에 대해 무기력을 느낀다면, 심리 치료를 받는 것이 도움이 될 수 있다. 심리 치료를 받으면서 자신의 두려움과 쉽게 화를 내는 원인을 발견할 수 있고 과거의 상처와 화해할 수도 있다. 원인을 인지하는 것만으로는 자신을 건강하게 치유할 수 없다. 어린 시절에 경험한 고통에서 벗어나기 위해서는 한 번 더 그 고통으로 슬픔을 겪고 나서 그것과 이별해야 한다. 그러면서 우리는 두려움이나 상처를 창의적으로 다루는 법을 차츰 배워 나가게 된다. 이제 더 이상 자신의 고통에 무기력하지 않고 적당한 반응을 보일 수 있다. 고통도 의미를 지니고 있다는 사실을 느끼게 되고, 그것이 내 삶의 적정한 한계를 알려 준다는 것도 깨닫게 된다.

심리 치료가 다시는 무기력을 느끼지 않도록 우리를 인도하지는 못한다. 그러나 그것은 무기력을 다른 방법으로 다룰 수 있도록 도와주고, 우리에게 주어진 가능성들을 실현해 보도록 부추긴다. 융은 문제의 핵심은 우리가 자신의 삶에 스스로 책임을 지고 살아가느냐 그렇지 못하느냐, 또는 자신의 과거를 받아들여 그것을 앞으로의 나를 형성하는 과제로 삼느냐 그렇지 않느냐에 있다고 보았다.

우리가 자기 삶에 책임을 지고 있다면 자신의 무기력에 적극적으로 대처해 나갈 것이다. 우리는 하고자 하는 바 모두를 실현할 수 없다는 사실을 잘 알고 있다. 하지만 삶 가운데 어떤 부분들은 변화시킬 수 있다. 그리고 더 이상 상처에 의해 좌우되지 않으며, 그 상처를 새로운 가능성의 원천으로 삼을 수 있다. 오늘날 많은 사람들이 자신의 상처를 치유할 방법을 찾아보지도 않고, 게다가 자기 안에 있는 새로운 가능성을 찾아보지 않은 채, 그냥 주저앉아 불평을 해대고 있다.

건강한 의식

오늘날 많은 사람들이 일에서 느끼는 스트레스에 의해 자신의 삶이 좌우된다는 느낌을 갖고 있다. 그들은 그런 스트레스에 무력한 자신을 느낀다. 이때 건강한 의식儀式은 바람직한 작용을 하는 규칙을 우리 삶에 제공함으로써 도움을 준다. 만약 어떻게 아침을 시작하고 저녁을 마감할지, 주말을 어떻게 지낼지 등에 있어서 건강한 의식을 개발한다면 우리는 단순히 되는 대로가 아니라, 적극적으로 삶을 산다는 느낌을 가질 수 있다. 우리는 세상의 강요에 무기력하게 내맡겨진 상태로 있지 않다. 우리는 자기 삶을 자기가 좋아하는 형태로 꾸려 갈 수 있다.

프로이트에 의하면 의식은 두려움을 떨쳐 내는 작업을 한다. 형태가 없는 삶은 두려움을 낳는다. 의식은 건강한 삶의 문화에 속하는 요소들 중 하나이다. 우리가 삶에 허락하는 문화는 남에 의해 좌우되는 느낌에서 우리를 해방시킨다. 우리는 삶의 문화를 스스로 만들어 갈 수 있다.

의식과 삶의 문화는 우리의 정체성과 자유에 대한 느낌을 강화하고 삶에 기쁨을 가져다준다. 우리는 자신의 삶을 아름답고 건강한 형태로 꾸려 가는 데 관심이 있다. 우리는 삶의 의식들 안에서 편안함을 느끼며 그것은 곧 상상력과 자유의 표현이다. 우리는 삶을 무기력하게 바라보며 서 있지 말고, 삶에 책임을 지고 자기가 좋아하는 대로 자기 삶을 꾸려 가야 한다.

자신을 다른 사람의 힘으로부터 해방하기

많은 사람들이 다른 사람에 대해 무기력을 느낀다. 이들은 자신을 다치게 하는 상사나 배우자, 직장 동료에 대항해 자신을 지키지 못하고 괴롭힘과 상처에 무방비한 상태로 방치되어 있다. 이런 상황에서는 화를 내는 것이 무기력에서 벗어나는 데 약이 될 수 있다. 즉, 화는 내가 다른 사람과의 거리를 유지하게 하는 힘이고, 나를 다치게 하는 사람을 나로부터 멀리 쫓아낼 수 있는 힘인 것이다.

나를 다치게 하고 자기 마음대로 하는 사람과의 관계에서 중요한 근본 요소는, 바로 내가 그에게 나에 대한 힘을 건네준 만큼 그가 나에 대한 힘을 지닌다는 사실이다. 어떤 사람이 나를 괴롭히는 것에 대해 민감한 반응을 보이지 않도록 나를 조절하는 것은 매우 어려운 일이다. 그러나 내가 하루 종일 내 상처에 대해 생각하고 중얼대기를 멈추지 않는다면, 그것은 내가 그렇게 하기로 결정하여 행하고 있는 것이다. 나를 괴롭히는 온갖 느낌을 억압할 수는 없다. 그러나 내가 그 괴롭힘에 관심을 많이 두느냐, 그렇지 않고 일정한 거리를 유지하느냐는 내게 달린 문제이다.

화도 일종의 긍정적인 힘인 것은 확실하다. 왜냐하면 화는 나로 하여금 무엇인가를 변화시키도록 충동한다. 나는 나를 괴롭히는 상황을 다르게 조정해 나감으로써 변화를 가져올 수 있고 나를 괴롭히는 사람과의 관계도 변화시킬 수 있다. 이때 화는 내가 다른 사람들과 일정한 거리를 유지하게 하고, 나를 괴롭히는 사람을 나의 내면에서 밖으로 쫓아내어 다시는 내 안으로 들어오지 못하도록 하는 힘이 된다.

나는 내가 집 안에서, 내 방에서 계속 다른 사람에 대해 곰곰이 생각하는 것을 못하게 막을 수 있다. 내 마음 안에는 나를 괴롭히는 사람을 위한 공간이 없다. 나는 그가 나의 저녁 식사를 엉망으로 만들 수 있는 영광을 누리도록 허용하지 않는다. 나를 괴롭히는 사람과 일정한 거리를 유지하고, 그를 내 마음 밖으로 쫓아내어 그의 힘으로부터 나를 자유롭게 하느냐, 아니면 그에 대해 무기력한 상태에 빠져 고통을 겪느냐 하는 것은 전적으로 나에게 달린 문제이다.

어린아이 때 성희롱을 겪은 여성들을 자주 상담하게 되는데, 그들이 불편해하는 것은 그 사건 자체만이 아니라, 자신을 방어하지 못한 것과 이후 다시 그 남자에게 다가갔던 것에 대한 죄의식이다. 나는 상담을 통해 그들이 자신을 다치게 한 사람에게 화를 내, 자기 자신으로부터 몰아내는 용기를 불어넣으려고 노력한다. 그것이 그들이 그 상처에서 벗어나 건강을 회복하는 시작이 되기 때문이다.

나를 다치게 한 사람이 내 마음속에 있는 동안 그를 용서하는 것은 자신을 학대하고 스스로를 병들게 하는 행위일 수 있다. 그런 경우에는 나 스스로 상처를 더욱 깊게 파헤치는 것이 된다. 나를 다치게 한 사람을 내 마음속에서 쫓아낸 다음에야, 나는 그를 객관적으로 바라볼 수 있고 마음으로부터 용서할 수 있다. 용서는 다른 사람의 힘에서 완전히 벗어나는 행위이다. 용서하지 못하면 자신을 괴롭힌 사람에 의해 좌우될 수밖에 없다. 그런 사람은 자신의 상처를 언제나 내면에 지니고 다닌다. 용서하고 나서야 비로소 나는 그로부터 자유로워진다. 다른 사람을 용서하지 못해 건강까지 잃는 사람도 있다.

힘과의 교제

무기력의 반대는 힘이다. 우리는 힘에 대해 이중적인

생각을 지니고 있다. '힘' 하면 우리는 즉시 힘의 남용과 우리가 다른 사람에게 행사하는 힘에 대해 생각한다. 하지만 힘은 전적으로 긍정적인 것이다. 본래 '힘Macht'은 "능력이 있다Vermögen, 할 수 있다können"를 의미하는 고대 표준 독일어 'mugan'에서 유래한 것으로, "어떤 것을 자유롭게, 그리고 스스로 실현할 수 있는 능력을 의미한다. 이것은 어떤 사람이 언어를 잘 구사한다거나 자기 자신에 대해 힘이 있다고 하는 경우와 같으며 무기력하지 않음을 뜻한다."(Franz Furger, Macht, in: Praktisches Lexikon der Spiritualität, 823)

힘이란 무엇보다 나 자신에 대한 힘, 나 스스로를 형성해 갈 능력, 단순히 남에 의해 살아가는 것이 아니라 나 스스로 살아가는 힘을 의미한다. 힘을 의미하는 그리스어와 라틴어의 'dynamis'와 'potestas'도 "능력이 있다, 할 수 있다"라는 말에서 유래한다. 'dynamis'는 단순히 어떤 작용을 일으키는 육체적·정신적 힘만을 의미하는 'Kraft'의 뜻도 지니고 있다.

루카는 예수님을 특별한 힘Kraft을 지닌 존재로 이해했다. 예수님이 잉태되는 순간부터 성령의 힘은 이미 그분에게 내려와 작용했다(루카 1,35 참조). 하느님의 힘 안에서 예수님은 기적(Wundertaten = dynameis = Krafttaten)을 행하신다. 제자들은 그리스도의 힘에 참여해 행동한다. 그리스도의 힘 안에서 제자들도 기적을 행한다. 그리스도인들에게 힘은 존재와 동일한 것이었고, 하느님이 지닌 중요한 속성 중 하나였다. 신적 본성에 참여하신 그리스도는(2베드 1,3 이하 참조) 하느님의 힘에도 참여하신다. 그리스도는 자신의 삶과 세상을 하느님이 원하시는 대로 형성해 가도록 부름 받은 분인 것이다.

힘Macht이 지닌 두 번째 의미는 인도하고 이끌어 갈 과제라는 점이다. 다른 사람들을 관리할 책임을 진 사람들은 함께 일하기 어려운 동료나 부하들 때문에 아무 일도 할 수 없이 무기력하게 항복할 수밖에 없다고 불평하는 것을 종종 듣는다. 참된 인도는 무기력의 체험에 대한 응답이다. 인도는 새로운 가능성을 발견해 사람들 안에 불어넣는 것을 의미한다. 힘을 긍정적으로 이해하는 법에 대해서는 예수님이 몸소 우리에게 보여 주신다.

"민족들을 지배하는 임금들은 백성 위에 군림하고, 민족들에게 권세를 부리는 자들은 자신을 은인이라고 부르게 한다. 그러나 너희는 그렇게 해서는 안 된다. 너희 가운데에서 가장 높은 사람은 가장 어린 사람처럼 되어야 하고 지도자는 섬기는 사람처럼 되어야 한다."(루가 22, 25-26)

왕들은 백성을 다스린다. 그들은 백성을 자신의 뜻에 따라 지배하고 결정하며, 다른 사람들을 낮추면서 자신의 힘을 행사한다. 그들은 자신을 큰 존재로 드러내 보이기 위해서 백성을 작은 존재로 여기고 억압받는 사람들의 희생 위에서 살아간다. 그리고 힘 있는 자들은 다른 사람들이 자신을 자비를 베푸는 자로 부르도록 하면서, 자신이 다른 사람들 앞에서 선한 존재로 행세하는 데 자기들의 권력을 사용한다. 그들은 힘을 그들 자신만을 위해 사용하는 잘못을 범하고 있는 것이다.

지도자들이 예수님이 의미하는 대로 힘을 사용하려면 봉사해야 한다. 이들은 사람들에게 봉사하고, 삶에 봉사하고, 사람들이 지닌 능력과 가능성을 길어 올리는 데 봉사해야 한다. 그리고 우리가 각자의 꿈과 만나게 하고, 그 안에 있는 가능성들과도 만나게 해주어야 한다. 우리 각자는 인도되는 사람인 동시에 인도하는 사람이다. 우리는 모두 그 존재와 더불어 힘도 함께 받았다. 힘은 삶을 형성하고 사람들 안에서 삶을 불러일으키는 의욕이다. 이런 의미에서 우리는 하느님의 힘에 함께 참여한다.

그리스도교 단체들 사이에는 흔히 힘에 대한 이중적 관계가 존재한다. 사람들은 자아를 비우고, 이웃을 사랑하는 그리스도인들의 이상에 일치하지 않는다는 이유로 힘의 사용을 거부한다. 그러나 우리를 당혹스럽게 하고 불쾌하게 하는 사실은, 억압된 힘이 개방되어 있는 힘보다 사람들에게 더 나쁘다는 점이다. 사람들은 외부로 드러나 명백하게 다가오는 힘에 대해서는 자신을 방어할 수 있다. 그러나 억제되고 숨겨진 힘이 정확하고 교묘하게 다가올 때는 무기력할 뿐이다.

교회 안에서는 힘을 나쁜 것으로 취급하기 때문에 사람들은 종종 파괴적으로 그것을 행사한다. 즉, 분명하게 볼 수 없는 힘이나 힘을 행사하는 사람이 전면에 나서지 않고 뒤에 숨어 있을 때의 힘은 건설이 아닌 파괴만 일으킬 뿐이다. 현대의 교회에서 힘과의 새로운 화해는 매우 중요한 과제가 되고 있다.

힘은 무엇인가를 형성하는 데 흥미를 갖는 것이고 세상을 더 나은 방향으로 변화시켜 나가는 데 의욕을 갖는 것이며, 사람들 속에 삶을 불러일으키는 것이자 삶에 봉사하는 것이다. 그리하여 하느님께서 우리에게 주신 삶이 많은 사람들 안에서 피어나도록 하는 것이다. 라너는 힘에 대해 다음과 같이 말한 바 있다. "힘은 하느님이 주신 선물이고 하느님이 지니신 전능의 표현이며 세상 속 하느님의 현존에 참여하는 것이다."(Karl Rahner, Theologie der Macht, in: Schriften zur Theologie IV, Einsiedeln 1964, 491)

이미 세상을 떠난 아헨Aachen의 클라우스 주교에게 힘의 본질적 목표는 "공동체의 번영을 위해 정의와 선을 지켜 나가는 능력을 유지하는 것이었다. … 힘은 이 세상을 살아가는 존재로서 인간들이 함께하는 데 실제적 질서를 유지하는 것이었다."(Klaus Hemmerle, Macht, in Sacramentum Mundi, hrsg. v. K. Rahner u. A. Darlap, Freiburg 1969, 316)

개인적인 어려움과 세상에 존재하는 문제들에 대해 무기력하게 서 있기 보다는 하느님께서 우리에게 주신 힘에 대해 감사드리고, 그 힘을 우리 자신의 삶과 세상을 하느님의 뜻에 따라 만들어 나가는 데 사용해야 한다.

두 번째... 종교적인 길

  때때로 종교 교육은 사람들이 무력감을 느끼도록 인도하곤 했다. 하느님을 일방적으로 전지전능한 지배자로 여기며 인간은 미미하고 무기력한 존재라고 느끼는 것이다. 모든 것을 보고 심판하시는 강력한 하느님을 피해 숨을 곳은 없다. 잘못을 범하면 즉시 발각됨에도 불구하고 인간은 잘못을 범하지 않고는 살지 못한다. 인간은 하느님의 전능하신 힘 앞에 완전히 무방비 상태로 내맡겨져 있기 때문이다. 따라서 인간은 하느님 앞에서 언제나 죄인으로서 가슴을 치며 용서를 청해야 하는 존재라고 의식화하는 가르침이나 설교가 많았다. 한편, 예수님의 인간성은 간과하고 오직 그분의 신성만을 강조한 적도 있었다. 그런 경우, 예수님이 행하신 기적을 높이 평가함으로써 우리 자신을 더욱더 작고 무가치한 존재로 느끼게 했다. 결국 예수님의 신성과 하느님의 전능을 이용해 인간의 무기력을 없애기는커녕 오히려 더 강화시켰던 것이다.

그러나 이와 달리 예수님은 우리에게 인간에 대한 완전히 다른 표상을 보여 주셨다. 예수님은 삶의 무게에 짓눌리고 사람들에게 무시당해 허리를 펴지 못하고 작아진 이들을 다시 일으켜 세우시며, 그들이 지닌 신적 품위를 알려 주셨다(루카 13, 10 이하 참조). 그리고 당신의 부활을 통해 우리 모두를 일으켜 세우셨다. 그래서 초기 그리스도인들은 예수님의 부활을 상기하며 언제나 똑바로 서서 기도했다. 그들은 기도 안에서 그리스도가 그들에게 신적 품위를 선사했음을 체험했던 것이다.

왕과 같은 인간

 요한은 예수님의 수난기에서 예수님을 왕과 같은 인간으로 묘사하여, 삶의 고통 속에서도 우리가 왕과 같은 품위를 유지할 수 있도록 하고 있다. "당신은 무슨 일을 저질렀소?" 하고 빌라도가 묻자 예수님은 "내 나라는 이 세상에 속하지 않는다"(요한 18, 36)라고 대답하셨다. 예수님의 왕국은 이 세상에 속한 것이 아니었으므로, 빌라도와 그의 군대는 예수님을 체포해 채찍질하고 십자가형에 처했다. 그러나 그는 예수님에 대한 실질적인 힘은 갖고 있지 않았다. 외적으로 예수님은 끔찍한 십자가상의 죽음을 당했다. 그러나 요한에게 그것은 예수님이 참된 왕으로서 왕관을 쓰는 것이었다.

 요한이 여기서 예수님에 대해 기록하는 바는 우리에게도 해당된다. 즉, 우리도 고통 한가운데서 사람들로부터 거부당하고 심판받고 업신여김을 당하며 상처를 받는 상황에서 "내 나라는 이 세상에 속하지 않는다!"라고 말할 수 있다. 우리 안에는 신적 품위가 존재하고, 그것은 이 세상에 속한 것이 아니기 때문에 세상의 어떤 힘도 우리로부터 그것을 빼앗아 갈 수 없다. 죽음 직전과 같은 완전히 무력한 상황에서도 우리가 지닌 왕과 같은 품위는 어느 누구도 빼앗아 갈 수 없다.

가톨릭교회는 교회력의 마지막 주일을 그리스도 왕 대축일로 지낸다. 주님 공현 대축일처럼 이미 다른 축일에서 그리스도가 온 세상의 왕이라는 사실이 드러났는데도 마지막 주일에 다시 한 번 이 테마를 다룬다. 그 축일은 단순히 그리스도가 왕이라는 사실을 알리는 데서 그치지 않고 우리 자신도 왕이신 그리스도 안에서 왕과 같은 인간임을 체험하게 한다. 여기서 왕이란 자신을 스스로 다스리는 사람, 자기 열망의 주인인 사람, 자신의 적들에게 무기력하게 넘겨지지 않는 사람을 지칭한다. 그리스도인들에게 있어서 왕은 인간 존재의 깊이와 높이를 잘 아는 현자와도 동일시된다. 마르틴 부버는 랍비 슬로모Schlomo의 다음과 같은 말을 전한다. "악한 본성이 행하는 가장 나쁜 행위는 과연 무엇일까? 그것은 바로 자기 자신이 왕의 아들이라는 사실을 잊어버리는 것이다."(Martin Buber, Die Erzählungen der Chassidim, Zürich 1949, 403)

우리는 일상생활을 바르게 살아가기 위해, 우리 자신이 왕과 같은 품위를 지니고 있다는 사실을 믿기 위해 그리스도 왕 대축일을 지낸다. 전례는 우리로 하여금 무기력을 바라보게 하려는 것이 아니라, 그리스도인으로서 우리가 지닌 참된 품위를 발견하도록 한다. 아울러 그리스도의 왕직에 함께 참여하도록 한다. 그리고 우리가 지닌 신적 품위로 세상 안에서 똑바로 서서 걸어가게 하며 모든 권세에 대해 자유롭다는 사실을 알게 한다. 우리의 신적 핵심에 대해서는 세상 그 무엇도 권세를 지니지 못한다.

세상의 힘에서 벗어나기

신비는 신적 핵심에 관심을 갖는다. 우리는 내면에 고

요의 공간을 지니고 있고, 그 공간 안에는 세상 어떤 것도 힘을 행사할 수 없는 하느님만 사신다. 우리 안에 사시는 하느님은 이집트의 종살이에서 이스라엘을 구하신, 오직 물질적 풍요를 위해 우리의 노동력을 착취하고 자유를 빼앗는 노역 감독으로부터 우리를 해방시키시는 분이다. 하느님은 세상의 힘으로부터, 사람들의 힘으로부터, 그들의 기대와 요구, 평가와 판단으로부터 우리를 자유롭게 하신다. 그리고 그분은 우리를 초자아의 힘으로부터, 죄의식과 자책, 자기 비난과 자기 비하로부터 해방하신다.

세례 신학에 의하면 세례를 받을 때 우리는 그리스도와 함께 세상에 대해 죽는다. 그것은 부정적인 의미가 아니라 자유의 길을 뜻한다. 내가 세상에 대해 죽었다면 이제 세상은 나에 대해 어떤 힘도 갖지 못한다. 나는 세례를 통해 내 안에 또 다른 종류의 삶, 세상이 전혀 침해할 수 없는 신적 삶이 있음을 체험한다. 미사에 참례할 때마다 우리는 그 세례의 실제를 기억한다. 그리고 예수님의 죽음과 부활과 더불어 세상에 대한 우리의 죽음도 기억한다.

성당이나 성수가 있는 가정집을 드나들 때 성수를 사용해 십자 표시를 하는 것은 우리가 세상과 다른 실제에 의해 살아가며, 세상은 그 실제에 대해 어떤 힘도 행사할 수 없다는 사실을 우리에게 상기시켜 준다.

자신의 무기력과 화해하기

기도와 신심 깊은 삶을 통해 하느님의 전능을 불러들여서 자신의 무기력을 극복하고자 하는 것은 인간의 원초적 유혹 중 하나이다. 그리고 우리가 무기력과 화해해야만 하는 것은 그리스도교의 이율배반Paradox 가운데 하나에 속한다. 예수 그리스도 안에서 하느님은 스스로 당신의 무기력을 계시하셨다. 디트리히 본회퍼Dietrich Bonhoeffer는 하느님의 무기력을 체험한 것을 결정적인 계기로 삼아 감옥에서 새로운 신학을 전개했다.

"하느님 앞에서, 그리고 하느님과 함께 우리는 하느님 없이 살고 있다. 하느님은 세상이 당신을 십자가형에 처하도록 허용하신다. 하느님은 세상에서 무기력하고 약한 채로 존재하시며, 바로 그렇기 때문에 그분은 우리 곁에 계시고 우리를 도우신다."(Dietrich Bonhoeffer, Widerstand und Ergebung. Briefe und Aufzeichnungen aus der Haft, München 1966 (13), 241f)

무기력한 하느님에 대한 표상은 전능한 지배자로서의 표상과는 다른 하느님의 모습을 보여 준다. 즉, 하느님이 인간이 되어 오시고 당신 아들의 죽음에서 자신을 무기력한 존재로 계시하신 것은 곧 우리가 무기력과 화해하도록 초대한다. 이는 위대하고 크신 하느님 앞에서 나를 작은 존재로 느껴야 하는 무기력이 아니라, 하느님과 함께하는 무기력이다. 그리고 그 안에서 우리는 하느님이 내 곁에 계심을 인식한다. 이 경우에 무기력은 우리가 하느님을 체험할 수 있는 장소가 된다. 내가 더 이상 아무것도 할 수 없는 곳에서, 막다른 골목에서, 좌절하여 주저앉은 곳에서 하느님은 당신을 위해 나를 일으켜 세우신다. 그 상황에서 내가 할 수 있는 것이라고는 빈손을 내밀어 나를 하느님의 품 안에 맡겨 드리는 일뿐이다.

그리스도인에게 있어서 무기력은 본질적으로 실존에 속하는 것이다. 십자가에 못 박혀 돌아가신 그리스도를 믿는 사람은 그분 안에서 하느님의 무기력이 드러남을 본다. 예수님은 십자가의 무기력 속에서 당신의 구원 사업과 생을 마감하신다.

십자가 신학을 선포한 사도 바오로는 자신의 몸 안에서 끊임없이 고통을 일으키는 가시에 대해 자신이 무기력함을 체험한다. 그 가시는 아마도 바오로가 설교하는 데 무척 큰 어려움을 준 질병이었을 것이다. 바오로는 그 가시로부터 벗어나게 해달라고 주님께 세 번이나 요청했다. 그러나 그리스도는 바로 그의 약함 안에 완전함이 있다는 은총의 신비로 바오로를 안내했다. "너는 내 은총을 넉넉히 받았다. 나의 힘은 약한 데에서 완전히 드러난다."(2코린 12, 9)

바오로는 자신이 건강하고 힘 있는 모습으로 코린토 신자들 앞에 나타나는 것이 복음을 선포하는 데 도움이 되리라고 생각했다. 그러나 그는 자신의 힘뿐만 아니라 약함과 무기력도 받아들여 활용해야 하며 그것을 통해서 비로소 일해 나갈 수 있다는 사실을 그리스도로부터 배웠다. 우리는 무기력을 체험할 때 하느님의 은총을 받아들일 마음을 더 잘 갖춘다. 무너져 주저앉을 때 우리는 하느님의 사랑을 받을 자세를 더 잘 취할 수 있다. 그런 상황에서 우리의 의지는 하느님의 의지가 작용하는 것을 방해하지 않는다.

누구나 예외 없이 생애 한 번은 사도 바오로처럼 하느님의 은총을 체험한다. 즉 완전히 기력이 쇠진해 일어설 수 없는 상태, 모든 것이 다 빠져나간 빈손의 상태, 스스로 자기 자신을 보증할 수 없다는 뼈아픈 사실을 인정해야만 하는 상태에서 우리는 하느님의 은총을 체험한다. 우리의 힘은 우리 자신이 아니라 하느님으로부터 온다는 사실을 우리는 언제나 명백하게 체험해야 한다.

마지막 무기력은 죽음의 순간에 만나게 된다. 그때 모든 것은 우리 손에서 빠져나가고 우리는 아무것도 붙잡을 수가 없다. 우리는 단지 무기력하게 하느님의 자비하신 손에 우리를 내맡기는 것 외에 달리 어떻게 할 수가 없다. 우리가 매일매일 경험하는 무기력 속에서 죽음의 무기력은 이미 우리에게 그 모습을 서서히 드러내 보였다. 그리하여 우리가 체험한 모든 종류의 무기력은 우리가 죽을 수밖에 없는 자연적 존재라는 사실과 우리의 나약한 의지력, 육체적 약함과 화해하도록 초대한다. 그리고 동시에 무기력은 하느님의 전능한 힘에 대해 믿음을 갖도록, 하느님의 힘에 의해 우리에게 의기양양하게 다가오는 부활의 힘에 대해 믿음을 갖도록 우리를 초대한다.

또한 무기력은 우리가 모든 것을 스스로 해결하지 않아도 된다는 것을, 우리가 연약한 존재로 있어도 된다는 것을, 그 연약함 속에서 오히려 우리는 하느님의 힘에 둘러싸여 있다는 것을 알려 준다. 그리하여 우리를 자유롭게 한다. 만약 내가 어떤 연약함도 나 자신에게 허용하지 않는다면, 나는 혹시나 실패할지도 모른다는 끝없는 두려움 속에서 살아가야 한다. 그러나 하느님의 은총은 나의 강점뿐 아니라 약점 안에서도 드러난다는 것을 알게 되면, 나는 안심하고 나의 빈손을 열어 하느님께 내밀 수 있다. 그러면 나는 깊은 내면의 평화를 체험하고 항상 완벽해야 한다는 강박감에서 벗어날 수 있다.

기도와 무기력

기도는 다른 사람들이 우리에게 행사하는 힘에서 우리를 해방시킬 수 있다. 하느님을 믿지 않는 재판관의 비유가 이를 보여 준다(루카 18, 1-8). 예수님은 자신의 권리를 찾기 위해 애쓰는 어느 과부의 이야기를 통해서 기도가 삶을 살아가는 데 정의를 가져온다는 사실을 언급한다. 그 과부는 하느님을 두려워하지 않고 사람도 존중하지 않는 재판관에게, 자신을 괴롭히는 사람에게서 자신의 권리를 찾아 달라고 졸라서 마침내 권리를 찾고야 만다.

기도는 하느님만이 사시는, 아무도 나에 대한 힘을 가질 수 없는 장소인 고요의 공간으로 나를 인도한다. 그 고요의 공간에는 내 삶을 힘들게 하는 외부의 적들이 들어올 수 없다. 그리고 내 삶을 힘들게 하는 내부의 적들도 들어올 수 없다. 그곳에서는 하느님을 두려워하지 않고 사람을 존중하지 않는 재판관도 힘을 잃고 만다.

하느님을 두려워하지 않는 재판관은 우리의 신적 품위를 전혀 존중하지 않고, 우리가 고통을 받든 말든 신경을 쓰지 않는 우리의 초자아에 관한 표상이다. 기도 안에서 하느님은 내 권리를 지켜 주시고 나를 자유의 공간으로 인도하신다. 나는 내면의 고요한 공간에서 이미 참된 삶을 체험하며, 그 안에서 있는 그대로의 나 자신으로 존재해도 좋은 피난처를 만난다.

그렇다고 해서 기도가 두려움이나 갈망, 또는 이 세상에 대해 느끼는 무기력으로부터 나를 해방시켜 주는 것은 아니다. 기도는 모든 문제를 해결하는 요술이 아니다. 그러나 기도하면서, 나는 내면에 있는 고요의 공간을 발견할 수 있다. 그 공간에는 세상의 문제들이나 내 안에서 일어나는 온갖 종류의 잡생각들이 들어오지 못한다. 누군가가 내게 깊은 상처를 주었다면, 묵상하는 가운데 내 안에 있는 고요의 공간에 도달했을지라도 상처가 쉽게 지워지지 않는다. 그러나 그 고요의 공간에서 상처는 객관적인 것이 되고 약화된다.

기도하는 순간에 나는 내 상처로부터 자유로워진다. 내 마음에는 아직 상처가 남아 있지만, 영혼의 바닥(타울러 Tauler), 내면의 방(시에나의 가타리나), 가장 거룩한 곳, 내면의 성역 안에는 사람들이 들어올 수 없고 모욕도 들어올 수 없다. 그처럼 내 안에는 두려움과 분노, 시기, 불같은 화도 들어올 수 없으며 아무도 나를 모욕하고 상처 입힐 수 없는 영역이 있다.

그러나 기도에서 일상생활로 돌아오면 나는 다시 다른 사람이 나를 비판하는 것에 민감하게 된다. 상처는 다시 나를 아프게 하고 나의 마음은 이전처럼 또 고통 속에 놓인다. 그러나 이제 나는 그 상처와 모욕이 나를 완전히 지배할 수 없다는 사실을 안다. 그리고 내 안에 그러한 것들이 침입할 수 없는 공간이 숨어 있음을 알고 있다. 그 사실들은 내가 상처와 모욕의 한가운데서도 구원과 해방, 평화와 신뢰의 존재를 인지하게 한다.

그리스도의 권능에 참여하기

예수님은 당신을 따르는 제자들에게 다음과 같이 말씀하신다.

"내가 진실로 너희에게 말한다. 사람의 아들이 영광스러운 자기 옥좌에 앉게 되는 새 세상이 오면, 나를 따른 너희도 열두 옥좌에 앉아 이스라엘의 열두 지파를 심판할 것이다."(마태 19, 28)

이 말씀에 의하면 제자들은 예수 그리스도의 권능과 지배에 한몫을 담당한다. 이는 그들이 세상의 종말에 갖게 되는 권능뿐 아니라 이 세상에서 이미 행하고 있는 그들의 작업에도 해당된다. 그들은 이미 그리스도의 권능에 참여하고 있다. "믿는 이들에게는 이러한 표징들이 따를 것이다. 곧 내 이름으로 마귀들을 쫓아내고 새로운 언어들을 말하며, 손으로 뱀을 집어 들고 독을 마셔도 아무런 해도 입지 않으며, 또 병자들에게 손을 얹으면 병이 나을 것이다."(마르 16, 17-18)

그리스도는 당신이 가진 악마에 대한 권능을 제자들에게도 나누어 주신다. 일반 사람들은 예수님이 기쁜 소식을 말씀하실 때 가졌던 그 권능을, 제자들이 예수님의 이름으로 말할 때나 예수님의 정신 안에서 말할 때 느낄 수 있었다. 어느 한 사람 안에서 예수님의 정신을 체험하게 되면 악마는 더 이상 자신을 지탱해 낼 수가 없다. 그들의 정체가 밝은 빛 속에 훤히 드러나 그들이 소유했던 사람을 떠나야만 한다. 그리스도의 정신이 활동하는 곳에서는 악마, 불순한 생각, 열등감, 이리저리 헤매는 생각 등이 사람들에게 어떤 힘도 가질 수 없다.

그러면 우리의 약점을 극복하고 세상의 상황들 속에서 느끼는 무기력을 극복하는 데 그리스도와 그분을 따른 제자들의 권능에 대한 생각을 어떻게 이용해야 할까? 하느님의 전능과 그리스도의 지배에 관한 성경의 말씀들을 반복해 말하는 것만으로 우리가 무기력에서 해방되는 것은 아니다. 다음 몇 가지 경험들은 하느님의 권능에 대한 믿음이 무력감에서 우리를 어떻게 해방하는지 보여 준다.

사람들과의 대화에서 나는 내가 그들에게 아무 도움도 주지 못한다는 무기력을 종종 느낀다. 상담하러 온 사람들 중에는 어린 시절에 받은 상처에 크게 지배를 받고 있거나, 완전히 비논리적인 생각에 휩싸여 있어서 내 의견이 파고들 여지가 전혀 없는 경우도 있다. 그들에게 실질적인 도움을 주고자 하는 모든 종류의 시도는 허사로 돌아가기 일쑤이다. 그런 상황에서 수도자들이 매일 공동으로 하느님께 바치는 성무일도의 기도문 가운데 다음의 구절들은 내게 힘을 준다.

"주님, 당신께 부르짖으며 말씀드립니다. '주님은 저의 피신처 산 이들의 땅에서 저의 몫이십니다.' 제 울부짖음을 귀여겨들으소서. 저는 너무나 허약하게 되었습니다. 뒤쫓는 자들에게서 저를 구하소서. 그들이 저보다 드셉니다. 제가 당신 이름을 찬송하도록 감옥에서 저를 빼내 주

소서. 당신께서 제게 선을 베푸실 때 의인들이 저를 둘러싸리이다."(시편 142, 6-8)

"당신의 자애로 제 원수들을 멸하시고 제 영혼을 괴롭히는 자들을 모두 없애소서. 저는 당신의 종입니다."(시편 143, 12)

이상과 같은 시편 구절에서 나는 내게 상담을 청한 사람을 사로잡고 있는 힘보다 더 강한 하느님의 힘을 느낀다. 그리고 나 자신의 무기력에 대해서도 시편을 이용해 기도할 수 있게 된다. "원수들에게서 저를 구하소서. 주님, 당신께 피신합니다."(시편 143, 9)

그런가 하면 어떤 때는 시편 31편을 십자가에 못 박히신 예수님이 눈앞에 다가온 죽음, 그 극도의 무력한 순간에 믿고 의지해 온 하느님께 드리는 기도로 여기며 나도 그 구절을 이용해 기도한다. "당신은 저의 바위, 저의 성채이시니 당신 이름 생각하시어 저를 이끌고 인도하소서. 그들이 숨겨 놓은 그물에서 저를 빼내소서. 당신은 저의 피신처이십니다."(시편 31, 4-5)

그렇게 기도를 드리고 나면, 나는 극심한 무력감 속으로도 도움의 손길을 뻗쳐 나를 일으키시고 강하게 해주시는 하느님에 대한 믿음과 희망을 지니게 된다. 그리고 좌절하며 주저앉는 것이 아니라, 일어나 하느님의 손에 나 자신을 내맡겨 드리게 된다.

오늘날 우리를 가장 힘들게 하는 무력감은 현재의 세상에 대해 느끼는 무력감이다. 우리는 무기력을 단순히 하느님의 전능으로 극복할 수 있다고 생각하지 않도록 조심해야 한다. 왜냐하면 전능하신 하느님의 침묵이나 그분께서 힘을 전혀 드러내시지 않는 모습으로 체험되는 경우도 있기 때문이다. 보스니아, 르완다, 그리고 세상에서 일어나고 있는 수많은 잔악한 행위들에 대해 하느님은 마치 아무 일도 하지 않고 침묵하시는 듯하다. 그래서 그것은 우리의 믿음에 대한 하나의 시험이 되기도 한다. 인간이 하느님의 피조물들을 파괴하고 있는데도 침묵만 지키시는 하느님을 전능하시다고 말하는 것은 무슨 의미가 있을까? 이스라엘 백성들은 하느님이 전혀 개입하지 않으신

듯한 뼈아픈 체험들을 수없이 많이 했다. 이스라엘의 역사는 좌절과 무기력의 역사라고까지 말할 수 있다. 한편, 현대 유럽의 그리스도교회 역시 이와 비슷한 체험을 하고 있다. 교회는 오늘날에도 열심히 기도하고 노력하지만, 점점 더 많은 수의 구성원들이 떨어져 나가고 있으며, 사람들은 점점 더 교회에 무관심해지는 상황이 전개되고 있다. 그리스도인으로서 우리는 교회가 처한 현재의 상황과 우리 자신의 모습 앞에서 시편 저자들과 더불어 다음과 같이 기도할 수 있다.

"하느님, 어찌하여 마냥 버려두십니까? 어찌하여 당신 목장의 양 떼에게 분노를 태우십니까? 기억하소서, 당신께서 애초부터 마련하시어 당신 소유의 지파로 구원하신 무리를 당신 거처로 삼으신 시온 산을! 당신 발걸음을 들어 옮기소서, 이 영원한 폐허로! 성전에서 원수가 모든 것을 파괴하였습니다. 당신 적들이 당신의 성소 한가운데에서 소리소리 지르고 자기네 깃발을 성소의 표지로 세웠습니다. 마치 나무숲에서 도끼를 휘두르는 자와 같았습니다. 그렇게 그들은 그 모든 장식들을 도끼와 망치로 때려 부수었습니다. 당신의 성전을 불로 태우고 당신 이름의 거처를 땅에다 뒤엎어 더럽히며 마음속으로 말하였습니다. '전부 없애 버리자. 하느님의 성소들을 이 땅에서 모두 불살라 버리자!' 이제 저희의 표지는 볼 수 없고 예언자도 더 이상 없으며 언제까지일지 아는 이도 저희 가운데에는 없습니다. 하느님, 언제까지나 적이 깔보아도 됩니까? 원수가 당신 이름을 끊임없이 업신여겨도 됩니까? 어찌하여 당신 손을 사리십니까? 어찌하여 당신 오른팔을 품에 넣고 계십니까?"(시편 74, 1-11)

또는 이사야 예언자가 언급한 비슷한 체험을 우리도 할 수 있다.

"우리가 빛을 바라건만 어둠만이 있고 광명을 바라건만 암흑 속을 걸을 뿐이다. 우리는 눈먼 이들처럼 담을 더듬는다. 눈이 없는 이들처럼 더듬는다. 대낮에도 캄캄한 듯 비틀거리고 몸은 건강하다고 하나 죽은 자들이나 마찬가지다. 우리 모두 곰처럼 으르렁거리고 비둘기처럼 슬피

울면서 공정을 바라건만 오지 않고 구원을 바라건만 우리에게서 멀리 있을 뿐이다."(이사 59, 9-11)

　많은 사람들에게 있어서 하느님의 무기력은 하느님을 의심하게 하고 믿음을 던져 버리게 하는 하나의 시험이 된다. 하느님께서 이 모든 일들을 어떻게 그냥 두실 수가 있는가? 그분은 전능하신 분이 아닌가! 하느님께서 개입하지 않으시고 침묵하고 계시는 것을 견디는 것은 그리스도인들의 믿음에 하나의 도전이 되고 있다. 그리고 그 도전은 십자가에 못 박혀 돌아가신 예수 그리스도의 고통을 바라보고 이해할 때야 비로소 수용된다.

　세상에 존재하는 곤궁들과 보스니아나 르완다에서 벌어진 엄청난 파괴 행위들을 보면, 단순히 기도하는 것만으로는 무력감을 지울 수 없다. 그러나 살인자는 죽은 사람을 밟고 승리를 즐길 수 없으며, 이 모든 일들과 상관없이 세상은 전쟁을 일삼는 미친 사람들의 손아귀에 있지 않고 하느님의 손 안에 있다고 생각하면 위로가 된다.

　자신의 무기력 앞에서 좌절하지 않으려면 강한 믿음이

필요하다. 세상 도처에서 일어나고 있는 비참한 현상들을 대수롭지 않게 여기며 눈감아 버리고, 전쟁이 일어난 원인은 그 지역 사람들 탓이라고 돌려 버리는 편이 더 쉽고 마음도 가벼울 수 있다. 그러나 하느님의 전능에 대한 믿음은 사람들이 겪고 있는 곤궁에 대해 눈을 감아 버릴 수 있는 아편이 아니다. 오히려 그 믿음으로 인해 우리는 기도하고, 그 기도는 그들을 위해 할 수 있는 일을 하도록 나를 부추긴다.

'기도하고 일하라', '관상과 투쟁', '체념과 저항'(본회퍼), '신비와 정치'는 서로 함께한다. 기도하기 위해 물러나 있기만 할 수는 없다. 기도는 하느님이 현재 내게 바라시는 일을 하도록 나를 자극하기 때문이다. 하느님의 전능에 대한 믿음은 그저 값싼 위로에 머물고 마는 것이 아니다. 그 믿음은 무의미한 분노와 무기력의 한가운데에 있는 우리에게 작은 희망의 불씨를 붙여 현명한 행동과 협상을 하도록 부추길 수 있는 것이다.

기도의 힘

아토스 산 위의 수도자들은, 세상이 아직도 무너져 내리지 않고 건재할 수 있는 것은 곳곳에서 많은 사람들이 단 1분도 쉼 없이 기도하고 있기 때문이라고 확신한다. 스타레츠 실루안Starez Siluan은 다음과 같이 말한다. "사랑의 기도만으로도 역사의 흐름에 좋은 영향을 미치고, 악한 행위가 크게 번지지 않도록 충분히 막을 수 있다."(Starez Siluan, Mönch vom Heiligen Berg Athos. Leben-Lehre-Schriften, hrsg. v. Archimandrit Sophronius, Düsseldorf 1959, 146)

스위스 사람들은 자신들이 수백 년 동안 누리고 있는 평화가 클라우스 폰 플뤼에Klaus von Flüe 성인의 기도 덕분이라고 오늘날까지도 믿고 있다. 기도의 힘을 증명할 수는 없지만 모든 종교는 기도가 이 세상에 존재하는 온갖 파괴적인 힘들을 이겨 낼 수 있는 힘을 지녔다고 확신한다.

나는 한 평화 운동의 대표자로부터 단순히 기도만 하는 것이 무슨 유익함을 가져오느냐는 질문을 받은 적이 있다. 그는 기도보다는 차라리 시위를 하는 편이 정치가들의 머릿속에 어떤 변화를 불러일으킬 수 있다고 생각했다. 나는 물론 기도가 권력을 가진 자들의 사고 체계를 어떻게 바꾸는지 보여 줄 수는 없다. 시위 역시 그 나름의 가치를 지니고 있다. 그러나 나는 기도가 이 세상을 변화시킬 수 있는 강한 힘을 지니고 있다고 생각한다.

사랑의 힘

그리스도인들은 기도의 힘뿐 아니라, 사랑의 힘도 믿고 있다. 하느님의 사랑은 예수 그리스도를 통해서 세상에 드러났다. 하느님의 사랑은 아픈 사람을 낫게 했고, 사람들을 일으켜 세웠다. 그리스도의 사랑은 십자가 위에서 모든 사람들이 볼 수 있도록 최대로, 그리고 순수하게 드러났다. 십자가에 못 박힌 상태에서도 예수님은 자신을 못 박은 사람들을 사랑하셨다. 그 사랑은 우리가 스스로를 심판하는 것을 그만두게 해준다. 예수님이 자신을 해친 살인자들을 죽는 순간까지도 사랑하셨기에 나 역시 그분으로부터 사랑을 받고 있으며, 스스로를 사랑하지 않을 수 없는 것이다.

예수 그리스도의 사랑은 지난 2000년 동안 지구 곳곳에서 인간을 존중하는 분위기가 생겨나도록 했다. 세대를 이어 많은 사람들이 그 사랑을 받아들여서 세상을 더 인간적이고 사랑할 만한 세상이 되도록 노력해 왔다. 사람과 사람 사이, 또는 민족들 사이에 가로놓인 장벽들을 걷어치운 것은 언제나 사랑이었다.

기도는 우리로 하여금 사랑으로 나아가도록 자극한다. 그리고 그 사랑은 생각과 사상에서 멈추는 것이 아니라 행동으로도 실천해 밖으로 드러나야 한다.

신심 깊은 이슬람교도인 안와르 사다트Anwar Sadat가 이스라엘과 평화 협정을 맺을 수 있었던 것은 그의 마음속에 자리 잡고 있던 사랑 때문이었다. 백인과 흑인 사이에 존재하던 갈등을 비폭력으로 풀어 나간 것은 마틴 루서 킹Martin Luther King이 지닌 사랑이었다. 프랑스와 독일이 서로 화해한 것 역시 정치가들의 결정 때문만은 아니다. 양측에 서로를 좋아하는 사람들의 수가 충분히 많았고, 그들 사이의 사랑이 100년 넘게 지속된 경쟁과 미움보다 더 강했기 때문이다.

동화는 사랑이 한 사람을 얼마나 많이 변화시킬 수 있는지 보여 주곤 한다. 사랑은 때로 무쇠도 녹일 수 있는가 하면, 짐승을 인간으로 변화시키기도 한다. 그런 동화를 우리는 지난 수십 년 동안 무수히 보았다. 사랑은 독일을 동서로 갈라놓고 있던 장벽도 무너뜨렸다. 그리고 사랑은 서로 피를 흘리며 미친 듯 싸움을 일삼는 무리들 속에서 평화의 길을 찾는 사람이 생겨나게 했다.

사랑은 인간의 무기력 안에서도 막강한 힘을 가진다. 이는 사랑이 지닌 모순이다. 사랑은 모든 외적 힘들을 포기시킨다. 예수님의 사랑은 바로 그분의 무력한 죽음에서 드러난다. 사랑은 심한 어둠과 악 속으로 들어가는 부담을 감당하면서 그들을 변화시킨다. 예수님은 사랑으로 당신을 죽이는 사람들조차 물리치지 않으신다. 그분은 복수에 복수를 일삼는 악순환의 고리를 끊어 버리신다. 악도 사랑으로 깊이 파고 들어가 부수어 버리신다. 요한은 예수님의 사랑이 어떻게 드러나는지, 그분이 제자들의 발을 씻겨 주시는 장면을 통해 보여 준다.

"파스카 축제가 시작되기 전, 예수님께서는 이 세상에서 아버지께로 건너가실 때가 온 것을 아셨다. 그분께서는 이 세상에서 사랑하신 당신의 사람들을 끝까지 사랑하셨다."(요한 13, 1)

예수님은 땅을 향해 고개를 숙이시고 제자들의 더럽고 상처 입은 발을 씻어 주셨다. 예수님이 십자가에 못 박혀 돌아가신 이후로, 수많은 그리스도인들이 이러한 신적 사랑의 힘으로 세상을 변화시켰다. 그들의 무기력한 사랑은 세상 안에서 강력한 힘으로 작용했다. 그 사랑은 지구상에 무엇보다 깊은 영향을 주었다.

우리는 각자의 삶에서 조건 없는 사랑이 다른 사람 안에 감동 등의 결과를 낳는 것을 체험했다. 아버지의 폭행으로 인한 상처에 시달리는 아이를 치유하기 위해 한 유치원 교사는 1년이나 수고했지만 허사였다. 하지만 다른 교사가 사랑 가득한 눈길로 다가가자 오래지 않아 아이에게 변화가 일어났다. 그 아이는 사랑으로 다가간 교사와 함께 놀이도 하고 그림도 그리면서 밝아졌다. 무기력한 사랑과 그 사랑이 가진 힘을 신뢰하기 위해서는 큰 믿음과 긴 인내가 필요하다. 잘못된 길로 들어선 아들이 어머니의 헌신적인 사랑에 감동해 반응을 보이기까지는 매우 긴 시간이 필요하다.

사회·정치 분야에서 우리는 사랑이 매우 무기력함을 자주 통렬하게 체험한다. 우리의 사랑이 물리적인 힘 앞에서 무슨 작용을 할 수 있을까? 사다트나 간디, 마틴 루서 킹 같은 사람들의 경우는 예외로 보일 뿐이다. 평화를 위한 회담도 일정한 군대의 힘이 뒷받침되지 않으면 평화를 보증할 수 없다는 것을 보여 주었다. 그런데 무기는 평화를 유지하는 수단이 되기도 하지만 전쟁을 불러일으키는 요인이 되기도 한다. 수많은 사람들의 비폭력적 사랑은, 사람들이 그 그늘 아래서 평화롭게 살아갈 수 있는 나

무로 자랄 수 있는 겨자씨와도 같고 반죽 전체를 부풀리는 누룩과도 같다.

수도회의 한 형제가 내게 다가와 200명의 수도자로 구성된 공동체를 변화시키기 위해서는 세 명의 헌신과 사랑만 있어도 충분하다고 말한 적이 있다. 한 민족 전체를 하느님의 사랑으로 채우는 데는 하느님의 사랑으로 물든 사람 30명만 있어도 충분할지 모른다.

사랑의 힘에 믿음을 둔 사람은 현재의 세계가 처한 상황에 무력감을 느끼지 않을 것이다. 오랫동안 아무 변화가 없는 것처럼 보일지라도 그는 세상을 위해 헌신적으로 자신의 사랑을 쏟을 것이다. 그는 변화를 불러일으키는 사랑의 힘을 신뢰한 채, 세상 곳곳에서 일어나는 전쟁과 곤궁 등 사람들이 무력감을 느끼며 의혹과 체념 속에 빠져드는 상황들을 극복해 나갈 수 있을 것이다. 물론 그는 자신의 사랑의 힘을 증명해 보일 수는 없을 것이다. 다만 그는 사랑의 씨앗이 싹을 틔우고 자라, 많은 열매를 맺으리라는 사실을 믿고 희망할 뿐이다.

> 맺음말

오늘날 많은 사람들이 자신의 가치를 느끼는 것과 무력감 사이에서 배회하고 있다. 그들은 자신의 가치에 대한 느낌과 자기 확신, 자의식, 자신에 대한 믿음 등을 강하게 갖고 싶어 한다. 그리고 자기 존재의 신비 또한 자각하게 되기를 원한다. 그래서 확신을 가지고 다른 사람들 앞에 나설 수 있기를 바란다.

연말이나 부활절, 성령 강림 휴가 때 많은 젊은이들이 우리 수도원에 연수를 받으러 온다. 그들은 신앙 안에서 삶의 의미와 자신의 가치에 대한 느낌을 좀 더 강하게 갖기를 원한다. 그들은 기도를 통해 자기 자신과 자신의 신적 품위를 느끼기를 원하고, 냉혹한 세상에서 이름 없는 존재로 살아가야 하는 두려움과 불안정을 극복하기를 원한다. 또한 그들은 하느님에 대한 믿음, 공동체와 사람들에 대한 믿음, 그리고 자기 자신에 대한 믿음을 갖기를 원하며, 서로 받아들이고 격려하는 가운데 하느님이 주신 힘을 신뢰하며 그들을 위해 하느님이 준비하신 미래를 향해 나아가기를 갈망한다.

오늘날 젊은이들은 교의 신학적 질문들에 대해 좀처럼 무관심하다. 그들에게는 가톨릭과 개신교의 차이가 별로 문제 되지 않고 차이를 크게 느끼지도 않는다. 제2차 세계 대전 이후 많은 젊은이들을 매료시켰던 철학적 질문들도 더 이상 그들의 관심사가 아니다. 그들이 주로 관심을 갖는 대상은 무엇보다 이 세상에서 어떻게 하면 믿음을 가지고 의미 있는 삶을 살아가느냐는 것이다. 어떻게 하면 자신을 새로운 눈으로 바라볼 수 있으며, 어떻게 하면 자신에 대한 가치와 믿음을 하느님으로부터 받을 수 있느냐는 것이다.

자기 자신의 가치를 찾고자 하는 열망은 간혹 자기도취적 방향으로 나아갈 때도 있다. 일부 젊은이들은 세상의 상황에 대해 아예 눈을 감아 버리기도 한다. 그들은 보스니아와 르완다에 일어나는 일들을 지속적으로 봐야 하는 상황을 견딜 수 없어 한다. 그래서 그들은 악의가 판치고 예측이 불가능한 세상에서 살아가기 위해 종교적 단체들로부터 위안과 안식을 찾는다.

세상 도처에서 벌어지고 있는 수많은 불의와 전쟁에 대한 그들의 무기력은 그들에게 상당한 부담을 준다. 그러나 그들에겐 그런 무기력을 견뎌 나갈 힘이 없다. 자신의 약함과 무력감을 지속적으로 견딜 수 있는 힘을 내면에 지니지 못하고 있기 때문이다. 세상에 대해 그들이 느끼는 무기력이 너무 강해, 그들은 그 무력감을 억압해야만 간신히 견딜 수 있는 상황에 놓여 있다. 그처럼 자신의 무력감을 억압하는 정치가나 경제인, 교회의 구성원들을 우리는 세상 어디서나 볼 수 있다. 무기력을 견디기란 매우 힘든 일이다. 그래서 사람들은 차라리 무력감을 피해 가려고 한다.

성경은 무기력이 본질적으로 우리 삶에 속한 것이라는 사실을 보여 준다. 이스라엘 백성은 그 무기력을 자신들의 역사 안에서 언제나 새롭게 체험했다. 이스라엘의 역사는 힘을 키워 가는 역사가 아니라, 무기력의 역사였다. 이스라엘 백성은 마침내 완전히 몰락해 유배 생활을 해야 했으며, 그 후에도 독립 국가를 형성하지 못하고 아주 작은 존재로 최소한의 조건 속에서 살아야 했다.

그리스도인으로서 우리는 십자가 위에서 생을 마치신 예수 그리스도의 무기력을 바라본다. 하느님의 힘은 그리스도가 십자가에서 못 박혀 돌아가시는 무기력을 통해 드러났다. 무기력에서 우리를 일으켜 세우는 부활의 힘은 우리 자신의 힘이 아니라, 우리의 무기력 안에 들어 있는 하느님의 힘이다. 우리의 무기력과 정면으로 대면해 있는 믿음은 우리가 포기와 우울함에 떨어지지 않고 그 무기력을 어떻게 창조적으로 다루어 나갈 수 있는지, 방법들을 보여 준다. 또한 그 믿음은 우리가 무기력을 어떻게 능동적으로 받아들여야 하는지, 이 세상을 어떻게 기도의 힘으로 보다 인간적이고 그리스도 정신에 적합하게 형성해 나갈 수 있는지 알려 준다.

　　믿음의 길은 우리가 자신의 가치에 대한 건강한 느낌을 개발하는 데, 우리의 무기력을 새로운 생각과 창의성의 원천으로 만들어 가는 데 도움을 준다. 우리는 믿음의 길에서, 영적인 길을 앞세워 인간적인 길들을 무시하거나 피할 것이 아니라 오히려 있는 그대로 모두 걸어가야 한다. 자기 자신의 가치에 대한 느낌과 무력감은 어린 시절의 경험들과 오늘날 일상생활에서 매일 겪는 경험에 축적된 심리적 요소들에 그 원인을 두고 있다. 그러므로 믿음은 심리적 차원을 넘어서기 전에 먼저 심리학적 실제들을 진지하게 고려해야 한다.

어릴 때 어려운 상황에서 자라, 자신의 가치에 대한 믿음이 충분히 성장하지 못한 사람에게 단순히 '하느님이 당신을 믿고 계시니 당신도 당신 자신을 믿어야 합니다'라고 말하기보다는, 그가 처해 있는 심리적 상황을 진지하게 바라보고 고려해야 비로소 그를 도왔다고 할 수 있는 것이다. 그는 어린 시절에 입은 상처를 하느님 앞에서 기도를 통해 제대로 바라보아야 하고, 영적 지도자와 대화를 나눌 때 그것에 대해 충분히 상담해야 한다. 그처럼 자신의 실제 모습을 하느님과 사람 앞에 완전히 드러내 놓을 때 비로소 그의 상처들은 치유될 수 있다. 그제야 그는 자신의 상처와 고통에 상관없이 믿음 안에서 자신의 신적 품위를 비롯해, 자신의 가치에 대한 건강한 생각을 키워 가는 길을 발견할 수 있다. 이제 믿음 안에서 그는, 하느님이 당신의 아들 예수 그리스도가 요르단 강 한가운데서 세례를 받을 때, 또한 우리가 세례를 받을 때 하신 원초적인 말씀을 다시 듣는다. "너는 내가 사랑하는 아들딸이니, 내 마음에 드는 아들딸이다."(마르 1, 11) 그러고 나서 그는 그가 서 있는 곳의 하늘이 열리고 하느님의 영이 비둘기처럼 내려오는 것(마르 1, 10 참조)을 체험할지도 모른다.

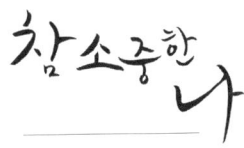

지은이 : 안셀름 그륀
옮긴이 : 전헌호
펴낸이 : 서영주
펴낸곳 : 성바오로
주소 : 서울특별시 강북구 오현로7길 20(미아동)
등록 : 7-93호 1992. 10. 6
초판 발행일 : 2007. 2. 28
1판 12쇄 : 2021. 12. 22
SSP 796

취급처 : 성바오로보급소
전화 : 944--8300, 986--1361
팩스 : 986--1365
통신판매 : 945--2972
E-mail : bookclub@paolo.net
인터넷 서점 : www.paolo.kr
www.facebook.com/stpaulskr

값 14,000원
ISBN 978-89-8015-622-1